教師・保育者のための
教育相談

大野精一 ［編著］　長谷部比呂美　橋本千鶴 ［著］

萌文書林

― まえがき ―

本書のねらい

　本書は、教育相談（カウンセリング）について、学校や園で教育相談（学校教育相談）を行う全国の教師・保育者の方々や、将来、教師や保育者となることを目指して養成課程に学ぶ学生の方々に向けてまとめたものです。

　受容や共感といったカウンセリング一般に必要とされる知識や理論も大切であることはもちろんですが、単に知識や理論を理解し、さらにそうしたカウンセリングの技法や態度を十分に身につけたとしても、それだけでは、学校や園において教師・保育者の行う教育相談（カウンセリング）が十全に機能するとはいえません。そこで、本書は学校や園における教育相談（カウンセリング）についての理論や実践的な体系について理論的・歴史的に整理し、現時点での到達水準を可能な限り記述することに努めました。

　本書の限られた紙幅の中では十分とは言えませんが、子どもの発達の連続性、幼児期から思春期までの発達を見通した視点からの教育相談（カウンセリング）を進められるよう、幼児期の問題・課題に加えて、小学校や中学校での教育相談（カウンセリング）にもふれるように努めました。現時点では、こうした幼児期から思春期までを対象とした教育相談（カウンセリング）のテキストは稀少と思われます。

本書の構成

第Ⅰ部　教師（保育者）の行う教育相談の考え方
第Ⅱ部　教師（保育者）の行う教育相談の進め方

　学校や園という教育（保育）機関の中で教師・保育者の行う学校教育相談（カウンセリング）は、外部の専門機関でカウンセラーの行う心理臨床（カウンセリング）とは違った教育的な実践活動であり、本書では学校教育相談（School Counseling Services by Teachers in Japan）と称しています。

　その考え方（理論）を第Ⅰ部に、具体的な進め方を第Ⅱ部に記しています。

教育相談（カウンセリング）の進め方も、考え方（理論）と同様、心理臨床のカウンセリングやサイコセラピー（心理療法）とは異なった、教師（保育者）による教育相談であることから導き出されています。

第Ⅲ部　教師（保育者）の行う教育相談の具体的展開

　第Ⅲ部は、園（幼稚園・保育所・認定こども園等）や小学校・中学校等における教育相談の考え方や、問題・課題を理解するための視点および支援方法等が具体的にまとめられています。

　これまで、園における教育相談の考え方や方法については取り上げられることが少なく、主に学齢期以上を対象とした教育相談が援用されてきたと言えます。しかし、そもそも、小学校以降の学校教育相談も、第Ⅰ部に詳述されているように、各現場の教師がその担い手として学校という日常空間において子どもとの関係性の中でさまざまな問題・課題の解決を図るために、試行錯誤を繰り返し模索し続けることで実践や研究を進展させてきているのです。第Ⅲ部は、そうした学校現場での実践が積み上げられた学校教育相談の全体像をベースとして、園における教育相談の考え方や具体的実践（進め方）について少しでも明確にすることを試みたものです。また、可能な限り、子どもの発達の連続性を見通した視点からの教育相談（カウンセリング）の営みをとらえることができるように、園における教育相談の他に、小学校・中学校における教育相談（カウンセリング）の具体的問題・課題についてもふれています。

本書の使い方

○養成課程の学生のみなさんへ

　養成課程、特に保育者養成の短期大学や専門学校の学生のみなさんが本書をテキストとされる場合には、まず、第Ⅲ部の実践例を読んでいただき、その上で、第Ⅰ部・第Ⅱ部に目を通していただくのが学習の進め方として適していると思われます。第Ⅲ部の各問題とその対応の仕方をまとめた文章中には、第Ⅰ部・第Ⅱ部の該当ページ・箇所を示してあります。

○現職の先生方へ

　学校や園ですでに教育相談実践を行っていらっしゃる教師・保育者の方々には、第Ⅰ部・第Ⅱ部を、日々の教育相談実践活動に関する省察の一助としていただきたいと思います。そして、その積み上げられた実践経験から、学校教育相談の全体像（定義）をさらに明確化して精緻にしていくために、著者らにご教示いただけること、現場の教師・保育者の方々の実践に根ざした研究が学校教育相談をさらに鍛え上げていくことを願ってやみません。

　第Ⅲ部については、幼児期の子どもたちの問題や課題は小学校低学年における問題・課題と重なっているものが少なくなく、小学校現場の先生方に小１プロブレム現象に関して何らかの示唆となり、幼保小連携の観点の１つとしていただければ幸甚です。また、小学校だけではなく、中学校や高校で教育相談を担われている先生方も、思春期の抱える問題や課題に繋がっていく根っこのようなものが幼児期にみられることもあります。園における教育相談では、保護者を支えることで問題の解決を図っていくことも多いことや、相談の対象がまだ言語発達の十分ではない幼児であること等の特殊性があるものの、アイデンティティの確立を中心とした思春期の学校教育相談（カウンセリング）の中核的な部分がプリミティブにとらえられるのではないでしょうか。

○スクールカウンセラーの方々や教育相談研究者の方々へ

　第Ⅰ部・第Ⅱ部は、学校教育法第一条校を対象とした教育相談のあり方を直接のテーマとして保育現場の実践をきちんと取り入れたものにはなっていません。保育現場での実践は、教育相談の原点といってもよく、これを学校教育相談の中に取り入れることが今後の課題となります。第Ⅲ部はその端緒でしかありませんが、第Ⅰ部・第Ⅱ部と比較しながらさまざまな議論の素材にしていただければ幸いです。

教育相談とコアカリキュラム

　平成 31 年度より「教育相談」が「教職課程コアカリキュラム」に含まれることになりました。教職課程コアカリキュラムは、全国各地の大学等で行う授業において全国的な水準を確保し、共通的に身につけるべき最低限の学修内容を提示したもので、「各科目に含めることが必要な事項」は、全体目標の下、一般目標とそれぞれの到達目標で構成されています。

　「教育相談」は「道徳、総合的な学習の時間等の指導法及び生徒指導、教育相談等に関する科目」に含まれ、「教育相談（カウンセリングに関する基礎的な知識を含む。）の理論及び方法」として、幼稚園、小学校、中学校、高校に一貫して各科目に含めることが必要な事項として挙げられています。

　全体目標において、「教育相談」は子どもたちが「自己理解を深めたり好ましい人間関係を築いたりしながら、集団の中で適応的に生活する力を育み、個性の伸長や人格の成長を支援する教育活動」とされ、ここで身に付ける（理解する・理解している・できる）事項は、子どもたちの「発達の状況に即しつつ、個々の心理的特質や教育的課題を適切に捉え、支援するために必要な基礎的知識（カウンセリングの意義、理論や技法に関する基礎的知識を含む）」とされています。全体目標を具体化する一般目標は、「学校における教育相談の意義と理論を理解する」「教育相談を進める際に必要な基礎的知識（カウンセリングに関する基礎的事柄を含む）を理解する」「教育相談の具体的な進め方やそのポイント、組織的な取組みや連携の必要性を理解する」の３つで、それぞれの一般目標に関わる合計９つの到達目標があります。

　本書ではこれらを網羅し、「教育相談」と同じく、道徳、総合的な学習の時間等の指導法及び生徒指導、教育相談等に関する科目に含めることが必要な事項とされる「生徒指導の理論及び方法」「幼児理解の理論及び方法」についてもふれています（対応表参照）。

　特に「教育相談」を受講する学生のみなさんには、「教育相談」の授業展開で教職課程コアカリキュラムにおいて身に付けるべき事項のどの部分を行っているかに自覚的・意識的になって、積極的に授業参加してほしいと願っています。

教職課程コアカリキュラムの在り方に関する検討会：文部科学省
http://www.mext.go.jp/b_menu/shingi/chousa/shotou/126/index.htm
（2017 年 8 月 17 日閲覧）

本書と教職課程コアカリキュラムの対応表

教職課程コアカリキュラム 一般目標および到達目標	頁	本書 内容
教育相談（カウンセリングに関する基礎的な知識を含む。）の理論及び方法		
（1）教育相談の意義と理論		
一般目標 学校における教育相談の意義と理論を理解する。	1	第Ⅰ部 教師（保育者）の行う教育相談の考え方
到達目標 1）学校における教育相談の意義と課題を理解している。	1	第Ⅰ部 教師（保育者）の行う教育相談の考え方
2）教育相談に関わる心理学の基礎的な理論・概念を理解している。	1	第Ⅰ部 教師（保育者）の行う教育相談の考え方
（2）教育相談の方法		
一般目標 教育相談を進める際に必要な基礎的知識（カウンセリングに関する基礎的事柄を含む）を理解する。	47	第Ⅱ部 教師（保育者）の行う教育相談の進め方
到達目標 1）幼児、児童及び生徒の不適応や問題行動の意味並びに幼児、児童及び生徒の発するシグナルに気づき把握する方法を理解している。	59	第Ⅱ部 「3 何をどう観察するか」～「6 面接へのいくつかの視点」
2）学校教育におけるカウンセリングマインドの必要性を理解している。	8	第Ⅰ部 「2 学校教育相談実践の歴史的な整理」
3）受容・傾聴・共感的理解等のカウンセリングの基礎的な姿勢や技法を理解している。	66	第Ⅱ部 「5 何をどう聴いてみるか」
（3）教育相談の展開		
一般目標 教育相談の具体的な進め方やそのポイント、組織的な取組みや連携の必要性を理解する。	28	第Ⅰ部 「6 日本における学校教育相談の実践整理箱」
	47	第Ⅱ部 教師（保育者）の行う教育相談の進め方
到達目標 1）職種や校務分掌に応じて、幼児、児童及び生徒並びに保護者に対する教育相談を行う際の目標の立て方や進め方を例示することができる。	28	第Ⅰ部 「6 日本における学校教育相談の実践整理箱」
	89	第Ⅲ部 「3 実践例」
2）いじめ、不登校・不登園、虐待、非行等の課題に対する、幼児、児童及び生徒の発達段階や発達課題に応じた教育相談の進め方を理解している。	12	第Ⅰ部 「3 実践整理の概略」
	89	第Ⅲ部 「3 実践例」
3）教育相談の計画の作成や必要な校内体制の整備など、組織的な取組みの必要性を理解している。	28	第Ⅰ部 「6 日本における学校教育相談の実践整理箱」
4）地域の医療・福祉・心理等の専門機関との連携の意義や必要性を理解している。	81	第Ⅲ部 2 （1）心理教育的アセスメント～（2）心理発達の視点
	106	第Ⅲ部 3 （5）～（7）
生徒指導の理論及び方法		
（1）生徒指導の意義と原理		
到達目標 4）生徒指導体制と教育相談体制それぞれの基礎的な考え方と違いを理解している。	8	第Ⅰ部 「2 学校教育相談実践の歴史的な整理」
幼児理解の理論及び方法		
（2）幼児理解の方法		
一般目標 幼児理解の方法を具体的に理解する。	77	第Ⅲ部 教師（保育者）の行う教育相談の具体的展開
到達目標 1）観察と記録の意義や目的・目的に応じた観察法等の基礎的な事柄を例示することができる。	47	第Ⅱ部 教師（保育者）の行う教育相談の進め方
	79	第Ⅲ部 「1 園における教育相談の考え方」～「2 幼児理解のために」
2）個と集団の関係を捉える意義や方法を理解している。	81	第Ⅲ部 「2 幼児理解のために」
	120	第Ⅲ部 3 （8）、トピックス2 SST
3）幼児のつまずきを周りの幼児との関係やその他の背景から理解している。	93	第Ⅲ部 3 （2）～（5）
4）保護者の心情と基礎的な対応の方法を理解している。	89	第Ⅲ部 3 （1）～（9）

☆ＡさんとＢさんは、幼稚園教諭を目指している短期大学１年生です。

Ａ「２年生の時間割に『教育相談（カウンセリング含む）』って科目があるよ。」

Ｂ「カウンセリングの授業なの？」

Ａ「カウンセリングって、カッコ（　）の中に書いてあるけれど、科目名は『教育相談』。担当はＯ先生だって。」

Ｂ「教育相談って、そういえば、中学や高校の時、教育相談室って部屋なかった？」

Ａ「あったあった。ずっと学校休んでた子が教育相談室に呼ばれて面談させられてたみたい。」

Ｂ「…てことは、教育相談の授業って、カウンセラーになるための勉強をする？」

Ａ「幼稚園教諭免許を取るための必修科目になってる…。」

Ｂ「高校の時、校則違反した男子が生徒指導の先生に教育相談室に呼び出されてた。」

Ａ「えっ？　教育相談は、生徒指導の授業なの？　Ｏ先生の研究室に行って聞いてみようよ。」

Ｂ「Ｏ先生、教育相談の授業って、何勉強するんですか？　学校に来ない子や問題ある子のためのカウンセリングの仕方とかですか？」

Ｏ先生「それもしますが、それだけではないです。教育相談で行うカウンセリングは、辛さや問題を抱えている人だけを支えるためではありませんから。学校や園の全ての子どもが教育相談の対象なんです。」

Ａ「そうなんですかぁ？　悩みも問題も何もない人にカウンセリングするんですか？」

Ｏ先生「あなたは、もっと自分らしくもっとよく生きたいと思いません

　　　　か。」

A「えっ!?」

O先生「あなたにとって自分らしく生きるとはどんなことでしょう。そ
　　　　もそもあなたとは何でしょう。」

A・B「難しいです…そんなこと考えたこともなかった。」

O先生「そうしたことを一度くらい誰かとゆっくり話してみたいと思い
　　　　ませんか。」

A「はい！　話してみたいです！」

B「『もっとよく生きる』、カウンセリングって悩み相談かと思ってまし
　　　たが、へえ～、そういうことも話すんですね。」

O先生「そうです！　ただ、学校や園での教育相談はそれだけではあり
　　　　ません。カウンセリングというと、何か深い問題を抱えた人が
　　　　専門機関でカウンセラーに心理臨床カウンセリングを受けるよ
　　　　うなイメージがあるかもしれません。でも、教育相談で行うカ
　　　　ウンセリングは、<u>学校や園の先生が行う教育的な援助・指導</u>な
　　　　のです。」

B「…それだけではないというと？　他には具体的にどんなことが含ま
　　　れますか？」

O先生「たとえば、幼稚園の先生になったとして、保護者から何か子ど
　　　　ものことで相談を受けたとしたらどんなことに注意して対応し
　　　　ますか。園の同僚の先生たちとはどのような協力が考えられま
　　　　すか。」

A・B「えー、想像がつかないです。そんなことも教育相談の授業で勉
　　　　強するんですか？」

O先生「そう、そうした協力や連携を『コンサルテーション』といいま
　　　　す。教育相談の授業では、本人との<u>直接的なカウンセリングの
　　　　知識や技法だけでなく、そういった間接的な支援のために必要
　　　　な知識や技法</u>についても、保育現場の具体例を取り上げてわか
　　　　りやすく勉強することにしましょう。」

― 目　次 ―

第Ⅰ部

教師（保育者）の行う
教育相談の考え方

　教育や保育の現場では教諭や保育士という専門職として資格をもつ教師（保育者）が日々子どもたちにそこでしかできない実践を創意工夫しながら行っています。

　当然、教育相談の考え方が同じではありません。しかしその実践現場で行われている個々の具体的な「考え方」の「指針や基準」となるべきものがなければ、そもそも「教育相談」の考え方も各現場で決められないことも確かです。

　ただこの場合に「こうすべきだという」理想（規範）やモデルを提供するのは必要であっても、それがあまりにも強すぎれば、各現場での実践的具体的な創造性が奪われてしまいがちです。ではどうするか。

　第Ⅰ部では「教師（保育者）の行う教育相談の考え方」について今までの先生方の努力や成果の積み重ねや諸外国での考え方を参照しながら、重要だと思われる考え方やその広がり、そこから得られるさまざまなアイディアや発想などを書きました。ここから刺激されて教育や保育の各現場でそれぞれの「考え方」が具体化されることを期待しています。

1 教師（保育者）の行う教育相談
（学校教育相談 School Counseling Services by Teachers in Japan）とは何か

（1）はじめに

われわれ教師の先輩たちは半世紀も前に、大学でのカウンセリング研究や専門機関での心理臨床活動とは違って、学校という教育機関の中に教育相談を入れ込むにあたり、大変な試行錯誤をせざるをえなかったのではないかと思います。全体の地図もなければ、導き手もいない。文字どおり、パイオニアとして、あっちにふらふら、こっちにふらふらしながらも、子どもたちのために精魂を傾けたのでしょう。こうしたお陰で、次の世代はその足跡をたどることができます。さらに現在は実践や研究の進展により楽に歩けるのですから、余裕を持って進めるし、ようやく先への見通しや方向付けもできるようになったのです。以下ここではこうした教育的な実践活動を「学校教育相談」School Counseling Services by Teachers in Japan と呼ぶことにします。

われわれ学校教育相談の後輩はこういう位置にいるのですから、先輩諸氏の足跡を振り返りながら学校教育相談の全体的な地図・構図を明確にして、これからの展望（進むべき道筋）をはっきりさせることが、可能になりました。このことは、今までの実践研究に対して上から目線で批判を加えることではなく、むしろその土台の上に新たな実践的な学校教育相談の体系（余計なものを剥いだり捨てたりするのではなく、できるだけ今までの成果を包み込み全体の中でうまく生かすことを目指した循環型のもの）を作り出すことであると考えています。それはおそらく「学校全体のカリキュラムに属する、すべての児童生徒のための、教師による、スクールカウンセリングのサービス」School counseling services by teachers, of a school's total educational program, for all children になるのでしょう。

こうした事柄について私はすでに２冊の著書[1]と長文の論文[2]、２つの学会論文[3]で詳細に議論してきました。その後、学校現場の研究会での講演[4]や専門誌[5]、学会発表[6]でさらに展開してきました。またこの間に東日本大

震災（2011年3月）に遭遇し、被災地支援を通して学校教育相談を根本から考え直すことにもなりました[7]。さらに中学校・高校を中核とした学校教育相談から園や小学校も含んだより汎用性のある学校教育相談のモデル構築[8]を追求したり、アメリカのカウンセリングサイコロジーや学校心理学の研究[9]やスクールカウンセラーの活動[10]、東アジア圏のスクールカウンセリング実践[11]等、諸外国での実践や研究を学ぶことでその視野を広げています。こうした一連の流れは、例えば、小林・藤原[12]が学校教育相談の実践的・理論的な研究の現時点での到達水準として小括し、さらに体系的にまとめる予定になっています[13]。

　本書の第Ⅰ部および第Ⅱ部は、私がすでに執筆した学校教育相談に関わる雑誌連載[4]と広島大学研究紀要に寄稿した論文[2]を土台（整理・要約）にしながら、その後の展開を入れ込んでまとめたものですが、現段階の私自身の学校教育相談の基本線と同じで、本書で見解を変える必要はありませんでした。むしろその当時、研究史的にはどのようなものであったか再確認することが重要であると考えています。その上で、学校で教育相談を行う全国の教師（保育者）の方々にとって、さらに少しでも教育相談の実践的な方向が鮮明なものとなれば幸いです。

　ただし、第Ⅰ部は今日までの実践研究の歴史的な経緯や研究・実践の蓄積から「中学校・高校」（その延長線上で小学校）での「考え方」が中核的な記述になっています。これらを学校教育法第一条校として幼稚園や保育所（幼保一元化の途上にある）にも援用できるにしても、その異同を明確にした上で「園における教育相談の考え方」として明確化する必要があります。第Ⅲ部でこのことについて取り上げました。お読みになる方々にはここにみられる幼保から小中への接続の観点を参考にしながら、学校教育相談の全体像（園や小学校・中学校・高校の教育相談）を模索していただければ幸いです。

① 大野精一 (1996). 学校教育相談―理論化の試み― ほんの森出版

大野精一 (1997). 学校教育相談―具体化の試み― ほんの森出版

【上記2冊は 2017 年5月に kindle 版刊行】

② 大野精一 (1997). 学校教育相談の実践的な体系について いじめ防止教育実践研究（広島大学学校教育学部附属教育実践総合センター), 2, 1–41.

③ 大野精一 (1997). 学校教育相談とは何か カウンセリング研究, 30, 160–179.

大野精一 (1998). 学校教育相談の定義について 教育心理学年報, 37, 153–159.

④ 大野精一 (2005). 学校教育相談実践を読み解く―実践へのヒント― 埼玉県高等学校連合教育研究会・教育相談研究会研究紀要, 24, 6–61.

大野精一 (2005). 学校教育相談実践を読み解く―33 年間の教育実践を振り返る― 高等教育相談（千葉県高等学校教育研究会教育相談部会), 21, 4–53.

大野精一 (2013). 生徒指導主事と「教育相談コーディネーター」の役割 千葉県高等学校長協会平成 24 年度生徒指導委員会第 1 回分科会研究報告書, 12–22.

⑤ 大野精一 (2013). 学校心理士としてのアイデンティティを求めて―教育相談コーディネーターという視点から― 日本学校心理士年報, 5, 39–46.

⑥ 藤原忠雄・小林幹子・大野精一・中原美惠・西山久子・都丸けい子・新井 肇・三川俊樹・金山健一・今西一仁 (2014). 自主シンポジウム 再考, 学校教育相談の固有性・独自性―隣接領域（生徒指導とキャリア教育）との異同の検討を通して― 日本教育心理学会第 56 回総会発表論文集, 124–125.【企画・指定討論者】

藤原忠雄・小林幹子・大野精一・金山健一・中原美惠・納富恵子・高橋あつ子・茅野眞起子 (2015). 自主シンポジウム 再考, 学校教育相談の固有性・独自性―隣接領域（特別支援教育）との異同の検討を通して― 日本教育心理学会第 57 回総会発表論文集, 90–91.【企画・指定討論者】

⑦ 日本学校心理士会 (2011). 震災に関する子どもや学校のサポート―教師、保護者へのヒント―（ver. 1 一般社団法人学校心理士認定運営機構ウェブサイト公開）【編者】

日本学校心理士会「東日本大震災 子ども・学校支援チーム」(2011). 震災に関する子どもや学校のサポート―教師、保護者へのヒント―（ver. 2 57p. の小冊子）【大野精一・石隈俊紀 責任編集】

岩手県立総合教育センター・岩手県教育委員会・一般社団法人学校心理士認定運営機構・日本学校心理士会 (2013). 文部科学省委託 復興教育支援事業 教育相談コーディネーター育成（復興教育リーダー育成）―〈岩手県立総合教育センター〉と〈一般社団法人 学校心理士認定運営機構〉の協働事業―【監修・執筆】

⑧ 中原美惠・大野精一 (2015).「学校教育相談」のこれからを探る―小学校と高等学校の異同から汎用性のあるモデル構築へ― 教育総合研究（日本教育大学院大学紀要), 8, 31–41.【共同研究】

長谷部比呂美・大野精一 (2017). 学校教育相談の総括とこれからの展開―保育・幼児教育実践とのつながりで― 教育総合研究（日本教育大学院大学紀要), 10, 93–102.【上記の方向を一歩進めたもの】

⑨ Gelso, C. J., & Fretz, B. R. (2001). *Counseling psychology* (2nd Ed.). Belmont, CA: Thomson Wardsworth（ジェルソー，C. J.・フリッツ，B. R.　清水里美（訳）(2007). カウンセリング心理学　ブレーン出版）

大野精一 (2008). 書評 ジェルソー，C. J.・フリッツ，B. R. 著、清水里美 訳『カウンセリング心理学』　教育総合研究（日本教育大学院大学), 2, 155-159.【上記の書評】

⑩ 大野精一 (2001). ASCA との連携と今後の学校教育相談実践の方向性―ASCA 前会長の新潟大会での講演・講座によせて―　月間学校教育相談（ほんの森出版), 7 月号, 36-40.

大野精一・ギャラガー，ジャン (2002). ASCA との連携・協働に向けて　学校教育相談研究, 12, 6-109.【分担執筆】

⑪ 大野精一・金山建一・伊藤亜矢子・西山久子・横島義昭・石隈利紀・今西一仁 (2010). 自主シンポジウム 香港・台湾・日本の包括的スクールカウンセリングから学ぶ　日本教育心理学会第 52 回総会発表論文集, 184-185.【企画者】

学会連合資格「学校心理士」認定運営機構（企画・監修）(2010). 第 9 回海外研修 2010 年香港・台湾スクールカウンセリング研修旅行報告書―学校現場・大学・行政の三者間連携を模索する―【編著者】

⑫ 小林幹子・藤原忠雄 (2014). わが国の学校教育相談の展開史と今後の課題―学校における全ての子どもへの包括的な支援活動に関する実践の縦断的検討から―　学校心理学研究, 14(1), 71-85.

小林幹子・藤原忠雄 (2014). 我が国の学校教育相談の課題と今後の方向性　日本学校心理士会年報, 7, 49-60.

⑬ 大野精一・藤原忠雄（編著）(2017 刊行予定). 学校教育相談の理論と実践―学校教育相談の展開史、隣接領域の動向、実践を踏まえた将来展望―（仮題）　あいり出版

(2)実践(プラクティス)と事例(ケース)の異同について

　いったい保育や教育の現場で日々行われている実践とは何なのでしょうか。私は、実践（提示）とは教育相談でいう事例（ケース提示）と全く一致するわけではないと考えています。通常言われる事例（AさんやB子さん、Cちゃんが具体的に登場する）は実践の一部であり、事例は実践に包摂されるのです。むしろ実践の提示は、個々の事例(ケース)に対して、あるいはそこからその担当者がどのような考え方（仮説）の下で何を意図し、何をしたか、さらに何を学んだか等をまとめた上で、実践場面の全体や構造を把握したり、さまざまなスキルや対処方法などの有効性等を省察することが中心になるのではないかと思うのです。これを記述したり、口頭報告したりすることが学校教育相談の実践レポートになるのです。

　ところが実際その多くの実践レポートは、ケースを具体的に記述し、何らかのレベル（例えば、学校に登校できるようになるという行動レベルやそこに使われたスキル等）あるいは何らかの理論的な考え方や仮説（例えば、カウンセリング）に合わせた上でそれが功を奏した、といった語られ方でした。もちろんこうした方向性は間違いではなく、実際に例えばEBM（実証にもとづく医療）といった治療的なアプローチにも共通しているものです。ただ、こうした発想は、教師と生徒の関係性や学校・学級といった独自の環境構造が指導・援助の中核をなす教育場面では、必ずしもピッタリするものではないと思うのです。むしろ、ある種のまとまりをもった事例に対してその外側にいる教師が心理臨床的にかかわっていくという発想ではなく、教師の実践(プラクティス)そのもの（何もしないという意図的計画的な不作為も含む）が事例を性格・決定づけ、それ故にその実践者が責任を問われるものとして考えるべきだと思うのです。事例レポートとは、事例の報告ではなく、教師の実践報告なのです。

　こうした意識が希薄であったため、教師の「実践」分類はその多くがケース別（例えば、不登校やいじめ等）であるか、抽象的な「予防」「開発」「治療」でしかありませんでした。ここでは、今までとは異なる方向性から実践の整理箱（その概略）を提示し、教師による学校教育相談実践の今後の展望に生かして頂きたいと念じています。

2 学校教育相談実践の歴史的な整理

　私はこれまでに何回も学校教育相談実践の歴史的な分析をしてきました（古くは、大野, 1995b）。事例（ケース）と実践（プラクティス）の観点からもう一度整理してみます。

　学校教育相談実践の歴史的整理としてその時間的な順序で書けば、ミニクリニック論→両輪論・中核論→カウンセリングマインド論となります。まずミニクリニック論では、事例（ケース）中心に心理臨床的な対応であり、ここには学校や教室、教師の独自なあり方といった実践が問題にならなかったと言えます。次に教育相談と生徒指導との両輪論では、教育相談にも、生徒指導にもそれぞれ独自な事例（ケース）があります。本来はその異同を明確にしながら、その統合をめざすべきものでした。しかし実際は、それをしないで事実上ただ共に重要だとした教育世界の常識論から一歩も前に出ていなかったのではないかと思われます。またカウンセリングマインド論は確かに教師の実践を重視するにしても、そのアプローチはカウンセリングの事例（ケース）から抽出された姿勢や精神、原理でしかなく、これが教育（学習指導や生徒指導）とどのように結びつくのか、その検証・効果測定も不明確のままに残されていました。

　こうした歴史的な整理から見て今必要なことは、子どもたちを中心に構築される事例（ケース）と教師のプロフェッション（責任制や専門性）を中心に構成される実践（アプローチ）（狭義の実践）を教育的発達的に総合・統合した実践（プラクティス）（広義の実践）の枠組みを提示することです。以下、詳しく見ていきたいと思います。

(1) ミニクリニック論

　これは学校教育相談の初期のみならず、文部科学省のスクールカウンセラー事業にもみられる学校教育相談の考え方・進め方です。初期の学校教育相談実践では「相談係またはカウンセラー中心の１対１の治療的活動」で、「かなり難しいケースに長期間とりくんでいる」ことも少なくなかったと言われています（小泉, 1987）。教師は、こうした真摯な治療的活動からさまざまなことを学びました（大野, 1997d）。それまでの学校教育に欠けていたもの、

例えば個に応じた教育のあり方等を考えさせられましたし、児童生徒中心の援助方法やその態度・姿勢等から、ある意味では学校教育に関するパラダイム転換を部分的に体験させられもしました。しかし、今日、こうした活動は学校教育相談の中心ではなくなっているのです。それは相互に関連する4つの主な理由によります。

第1には、ミニクリニック・モデルは、機能としても職分としても知識体系（臨床心理学）としても、学校教育の中でそれをどのように位置づけたらよいのか明確ではないのです。心理臨床的であること自体では学校教育の外側あるいは飛び地（enclave）でしかないのです。学校教育相談担当者は、教育相談室の中だけではなく、「問題への対応を学校の中、学級の中で考えて見よう」（松村, 1994）という発想や「子どもの問題の発生や子どもの成長の過程を、子どもが生活する学校や学級というシステムの中で考えようとする視点」（近藤邦夫, 1994, 1995）、もっと広く学校の中での居場所の問題（松田, 1997）を考えるべきだと思います。教室からの改革（佐藤 学, 1989）という視点を忘れてはいけないのです。

第2には、ミニクリニック・モデルでは相談室で援助する児童生徒以外の圧倒的に多くの子どもへの対応が、姿勢・態度という抽象的レベルでしか見えてこないことです。

第3には、ミニクリニック・モデルには、不適応の児童生徒を生まないようにし、さらに多くの児童生徒を成長・発達させる本来の教育的な発想（一対一ばかりでなく、同世代の仲間関係等を利用した効率的なグループワーク例えば、ピア・カウンセリングを含む、Cowie & Sharp, 1996; 田邊, 1998）に乏しいと思います。

そして、第4には、学校で問題になるのは結果として出てくる個々の適応上の問題ばかりではなく、学校生活のあらゆる場面（例えば、学習面や進路面など）から生じてくる問題へのシステム的対応（問題の課題化）であり、さらに、その端緒（予兆も含む）も重大なのです。

(2)生徒指導機能論（両輪論・中核論）

まず両輪論は次のようにまとめてよいでしょう（東京都公立高等学校長協会, 1982 より引用）。

　　学校における生徒の指導方法には、管理的・集団的・訓育的指導と、相談的・個別的・受容的指導がある。この二つは、まさに車の両輪であり、この両者の調和がとれていなければ、真の意味で基本的な生活習慣を身につけると同時に、自己理解を深め、主体的に自己決定のできる生徒は育たないであろう。そして、この二つの指導は、一面では生活指導と教育相談という校務分掌上の役割の問題とも考えられるが、もう一歩深めてみると、生活指導の教師は厳しく、担任や相談係は温かくというようなことではすまされず、根本的には、厳しさと温かさ、訓育的指導性と相談的指導性とが、本来的に一人の教師の中で一本化していなければ、真に生徒から信頼される教師になり得ないということが考えられる。なぜなら、"厳しさ" は人生への洞察から生まれるものであり、"温かさ" はその上に立った青年期への理解と愛情から生まれるものであるからである。

　中核論に関しては、文部省の生徒指導関係文書（文部省, 1965, 1971, 1972a, 1972b, 1981, 1990, 1991 等）を総括した私の研究（大野, 1990b）で、文部省が、①生徒指導の中核は理論的にも担当者論としても学校教育相談にある、②学校教育相談は専門職としての相談教師が行うべきものである、という考え方だったのが、③相談教師の養成や研修のプログラムが明確に定立されていないために実効性のあるものにはならなかった、ということを示しました。また、今井氏は巧みな論理を使って、生徒指導の中核に学校教育相談を置く必然性を提示しています（今井, 1994）。

(3)カウンセリングマインド論

　カウンセリングマインド論に関しては、この用語そのものの使用は小泉氏が嚆矢と思われますが（小泉, 1989）、その後、尾崎・西氏が体系的にお使い

です（尾崎・西, 1984, 1996）。例えば、①児童・生徒の成長への可能性を信頼し、畏敬の念をもつ、②人間として対等の関係を実感し、心のひびき合いをもつ、③児童・生徒の考え方・感じ方をありのままに受けとめ、共感的に理解しようとする、④教え与えることに性急にならず、自分で学ぼうとする構えを大切にする、⑤知的側面だけでなく、情緒的側面へのかかわりを大切にしていく、⑥児童・生徒を先入観や固定的な考えで見ないで、新鮮な目で柔軟に見ていく、⑦児童・生徒とともに考え、歩もうとする、⑧児童・生徒の自尊心を大切にし、追い立てないで待てる、⑨共感的理解と訓育的指導とを統合していく、というものです（尾崎・西, 1984）。

(4)残された課題

　両輪論やマインド論には以下のような批判や限界があります。

　まず第1は、このままでは学校教育相談固有の対象領域（構造的な領域や担当者の職域）が設定できないということです。生徒指導機能論やカウンセリングマインド論は、生徒指導や広く学校教育に関するパラダイム転換を迫る批判原理や目標設定としては有効に機能する面もあったのですが（その反面、学校を混乱させる要素もあったことについては、渡辺三枝子, 1989）、現実の学校という具体的な時空間の中で学校教育相談担当者が明日からなすべきことを、一義的には演繹できないのです。だから、これらの学校教育相談に対する考え方は、決して無用ではないにしても（特にカウンセリングマインド論）、それ自体としては実践上のモットーに近く、ほとんど無概念と言ってよいように思われます。このままでは学校教育相談がその上位概念の「生徒指導」や「教育（または、あるべき教師像）」に解消してしまい、学校教育相談独自の体系化（大野, 1999）を生み出さないのです。

　第2は、従来あったガイダンス（生徒指導・進路指導）の伝統を十分に取り入れているとは言えないことです。例えば、四半世紀以上も前に文部省と日本職業指導協会が共催で行った「学校カウンセリング・セミナー」には、「ガイダンス論」がきちんとあったのです（藤本, 1970）。このままでは、いわゆる開発的な学校教育相談プログラムを学校教育に不可欠なものとして具体的・構造的・組織的に組み込むことができないし、さらに学校教育相談担当

者の実践的な養成プログラムも定立しにくいと思います。

　第3は、現状においてミニ・クリニック論、生徒指導機能論（両輪論・中核論）、カウンセリングマインド論等が、学校教育相談実践の理論化に向けて統合的に総括されず、それらの考え方が混在してしまっているために、全国各地の実践が一義的理論的に整理できない状態になってしまっていることです。これではせっかくの実践がきちんと積み重なっていかないのです。

　総じて第4は、これら3つの論やそれに基づく実践は「学校の」教育相談、あるいは「学校における」教育相談であって、一語で術語化される「学校教育相談」という問題意識が希薄なことです。というのは、これらの考え方や実践は、学校教育との関連で教育相談（カウンセリング）それ自体の吟味（取捨選択や独自の構成）が十分行われないままに、直接無媒介に学校の中に場所的に入れ込まれたり（ミニ・クリニック論）、あるいは学校教育活動の中へ抽象的な機能として取り込まれたり（生徒指導機能論）、教師という主体の抽象的な活動指針（基本姿勢）とされたりした（カウンセリングマインド論）にすぎないように思われるからです。問題は端的に言って、分割されうる合成語ではなしに、「学校教育相談」という一語をもってトータルに語り出される世界の固有性・独自性を全体的かつ体系的に示すことなのです。

3　実践整理の概略

(1) 広義の実践整理箱について

　言葉は正確に使っておかないと、後から混乱を招きますので、ここでは、多少煩雑になるかも知れませんが、事例、実践、さらに実践、という表記をします。

　まず実践整理箱でアウトラインを示します。実践整理箱は、当然実践整理箱ですので、この箱の内容（枠組み）は事例と実践とになります。ここから3つの構成原理を導いてみます。今は箱という三次元の物体をイメージしていますから、「軸」と言った方がよいかもしれません。

① 第1の軸（問題は何か）

まず第1の軸（図Ⅰ-1のA）は、ある箱に入る、あるいはある枠組みを持ったものとして認知・構成されてくるプロセスです。例えば、学校を欠席している子どもを見る場合にこれだけでは事実や実態であって、はっきりしません。どの類型に属する不登校なのか等、アセスメントしそれに即して介入（指導・援助）していくことになります。さらに、フォローアップや終結につながっていきます。この軸は端的にいって、問題は何なのかというものです。

② 第2の軸（時間）

第2の軸（図Ⅰ-1のB）は時間（時の流れ）に関わるもので、子どもたちがさまざまな問題に対処しながら、それを契機に、あるいはそのことを通して発達していきます。とすると、仮に同じものであったとしても、子どもたちにとって解決されるべき問題は、幼・保, 小, 中, 高といった発達段階に即して区分けされるべきものとなるはずです。つまり、具体的な問題が発達課題化されるので、実践整理箱は、例えば幼・保, 小, 中, 高という成長・発達に即して積み重なっているものであるということです。この軸は端的にいって、それぞれの時期に直面する課題は何かというものです。

③ 第3の軸（発達段階による具体化）

第3の軸は少し細かいものです。第1軸で問題が特定化され、第2軸で課題がはっきりしたときに（例えば、小学校段階）、この時に考えられる実践とはどのようなものかがここでの対象です。ここから実践と事例が正面から取り上げられることになります。この2軸から、ある発達段階に限定している狭義の実践整理箱（図Ⅰ-2）ができます。

(2) 狭義の実践整理箱について

今日まで実践と事例の整理についてそれぞれ単独のものならば、いくらでも精緻なものはありますが、われわれは寡聞にしてこれらを組み合わせた統合的なモデルを見つけることができませんでした。ようやく出会ったのが、カー（Carr, R.）の「援助に関するキューブ・モデル（ヘルピング・キューブ）」です（図Ⅰ-3）。以下、このカー・モデルを、私の解釈・修正を加えながら紹介します。その際に昔流行ったルービック・キューブ（縦3×横3×高さ

3に割り振った色等を組み合わせる玩具）を思い出しながら、お読み頂くとわかりやすいと思います。

① 第1軸（対象分類）

まず第1軸は事例（ケース）の分類に関わるもので、「援助の対象」（原語訳では焦点：図Ⅰ-1のCで、具体的には図Ⅰ-2のF）で、キャリア的・学業的・心理社会的とする3区分です（原語訳では、「職業的・キャリア的、教育的、個人的・社会的」で、はっきり区分けはできないとして、点線で表示）。

② 第2軸（方法分類）

第2軸は実践（アプローチ）に関わるもので、「援助の方法」（原語訳では援助役割）の分類です。援助の方法（図Ⅰ-1のDで、具体的には図Ⅰ-2のG）には、カウンセリング的・コンサルティング的・教育的な方法が区分され、さらに教育的方法（エデュケイティング）はトレーニング（訓練）・スーパーバイジング（指導監督）・コラボレイティング（協働）に分けられています（図Ⅰ-3）。

③ 第3軸（水準分類）

第3軸も実践（アプローチ）に関わるもので、「援助の水準」の分類です。援助の水準（図Ⅰ-1のEで、具体的には図Ⅰ-2のH）は、予防的・発達的・治療的という3つのレベルに分けられています。ただし、「治療的（リミーディアル）」と訳した原語は、英英辞典で「問題を解決する、特に悪いところ（問題）を直したり、治したり、あるいは学習遅滞者に対する補償」の意味です。なお、「発達的」というのは「開発的」とも訳せますので、主として学校での様々な学習により発展・進展させることが可能であるという意味合いで私はとらえています。ここが図Ⅰ-1のBとの違いです。

④ まとめ

これで援助のキューブができます。3×3×3で27通りの実践（プラクティス）を持った整理箱がイメージできたと思います。さらにカー・モデルでは、個人・グループ・組織という3つの支援区分（原語では、個人、ピア・グループ、サポート・グループ、組織の4区分）がありますので、27×3で81通り。さらに先に示した発達区分も加味すれば、例えば保幼・小中高の4区分を考えると、81×4で、324通りの実践（プラクティス）（五次元の整理箱）も考えられます。

図Ⅰ－1
学校教育相談の
実践整理箱

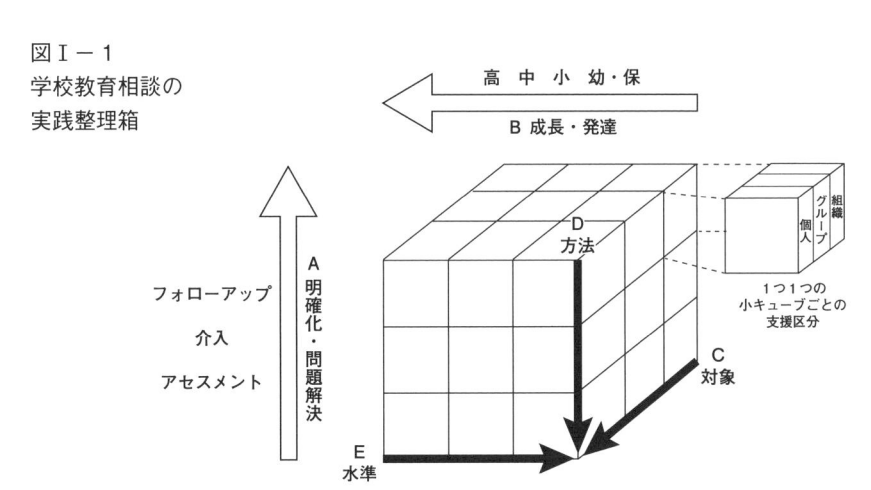

図Ⅰ－2
学校教育相談の援助に関するキューブ・
モデル

※図Ⅰ－1、Ⅰ－2の中央のキューブは
　カー・モデル。矢印は、学習・教育方法・
　予防が学校の中核であることを示すも
　ので、大野が入れたものである。

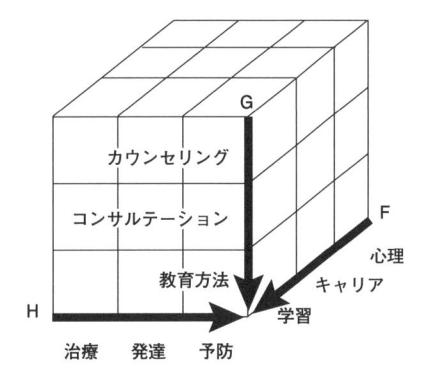

図Ⅰ－3（参考）
援助に関するキューブ・
モデル
（ヘルピング・キューブ）
原資料

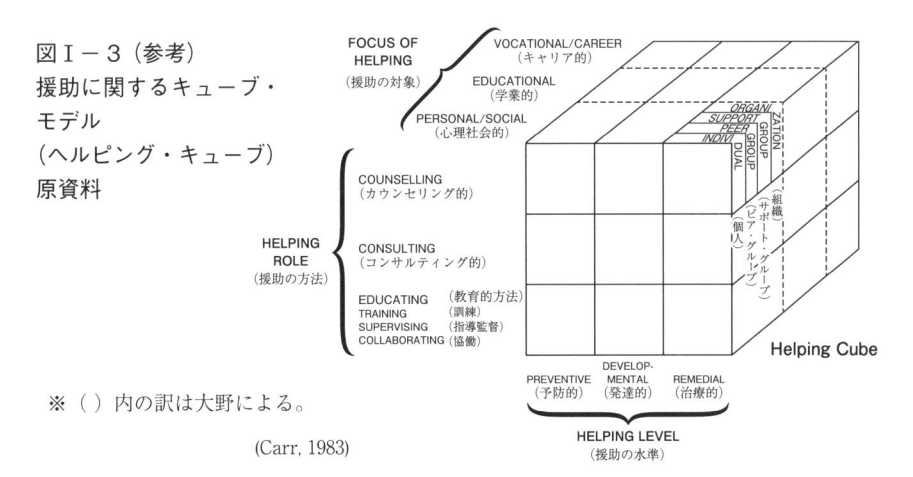

※（　）内の訳は大野による。

(Carr, 1983)

4　実 践 整理箱・その意義

(1) カーのキューブ・モデルの意義

　カー・モデルの大きな意義は援助に関する包括的で総合的・統合的なモデルを提供したところにあります。援助の対象（キャリア的・学業的・心理社会的）や援助の水準（予防的・発達的・治療的）の区分は今までの学校教育相談研究等にありましたが、これと援助の方法（カウンセリング的・コンサルティング的・教育的）を三次元で組み合わせて提示したことは画期的と言ってもよいように私には思えます。心理社会的な援助対象の中に「健康面」も含むとすれば、これで従来の学校教育相談実践をこの整理箱に入れ込むことができます。また今までのまとめ方（例えば、心理社会的な対象に対してカウンセリング的な方法を用いて、治療的な水準で対応していた不登校）や今後の展望（例えば、キャリア的・学業的な対象に対して教育的な方法を用いて予防的・発達的な水準で対応するキャリア教育）も明確にできます。

　さらにカー・モデルの教育的方法（エデュケイティング）がトレーニング（自分でできるように訓練・練習する）・スーパーバイジング（指導監督を受けてできるようにしてもらう）・コラボレイティング（一緒に協働しながらできるようにする）に分けられていますので、ただ単に目標や方向がわかっただけではなく、実際にそれが実行・実現できるようにする方法もはっきりしています。これらの三次元対応を個人にするのか、それともグループか、あるいは組織全体かという問いかけも総合的な視座を提供してくれます。

　学校での不登校や中途退学、いじめ等の問題は、こうした小キューブごとに具体化した対応策を組織的に行うべきでしょう。学校においてはその学校に典型的で象徴的なケース（ケース性を持った事例）に全職員が組織的計画的にまとまって対応した場合、問題解決の後にそのプロセスで得られた財産がさまざまな事例や実践に生きてくるとすれば、これは大きな成果になるわけです。

(2) カーのキューブ・モデルの限界

　こうしたカーのキューブ・モデルの意義や価値を十分に認めた上で、この
モデルのいくつかの限界を指摘せざるを得ません。

　まず第1に、画然とした独立区分ではその境界領域へのアプローチが出て
こないのです。もちろん前にもふれましたが、カー自身、援助の対象（キャ
リア的・学業的・心理社会的）についてこうした認識がありましたが、全体
としては、一つ一つの小キューブが独立してそれぞれの固有対応（実践）が
求められるものになっています。

　第2には、学校という教育機関では、それぞれにこれらの小キューブに重
みづけ（得意・不得意、社会的な期待・責任等による）があるはずです。そ
れぞれのキューブに同等なエネルギー配分をしていくのもよいのですが、そ
れはなかなか難しく、もし可能だとしてもそれは地域や地域にある専門機関
との連携・協働（チーム学校！）で解決する以外にはないと考えています。

　第3には、こうした援助に関する対象・方法・水準の3区分法は実証的な
根拠があるかどうかです。私は寡聞にして、援助の対象に関する実証研究（石
隈利紀氏らや ASCA 等による）しか知りません。それ以外については、経
験的な妥当性・信頼性はあるにしても、これ以外の最適区分がないかどうか
確認しなければならないと思っています。

　総じて、各事例をこの小キューブに入れ込むためには、p.15 の図 I-1 の
A方向（アセスメント－介入－フォローアップ）で問題解決に向けた事例の
明確化（事例の輪郭をはっきりさせる限定化）を進めていかなければなりま
せん。ただ実際にはここまできていれば今さら実践を整理しても益するとこ
ろは少なく、後追い指導・援助（次からの参考）にしかならないのではない
かという疑問があります。

(3) ASCA の問題提起

　カー・モデルは意味がないかと言えば、そうではありません。これに
ASCA（アメリカ・スクールカウンセラー協会）のナショナル・スタンダー
ドを組み合わせると、新しい学校教育相談の教育モデルになるように私には
思えます。ASCA の実践活動を、私は次のようにまとめたことがあります（大

野, 2002)。

　社会機関としての学校の使命は、子どもたちが学校で生き生きと学ぶように指導・援助することにあり、そのためには、学習し発達させるべき諸能力competencies を特定し、それらを配置（幼・保，小，中，高）する必要がありますが、ASCA は調査研究等に基づき、120 の能力を 3 領域（学業的発達・キャリア的発達・個人的—社会的発達）・各々 3 スタンダード（合計 9 つ）に分類整理しました（このことについては「補足」を参照してください）。

　p.15 の図 I−1 で言えば、この配置（幼・保，小，中，高）は、B 方向の成長・発達という流れに、カー・モデルの一部を位置づけられると私には思えるのです。確かに ASCA では、カー・モデルの援助の対象しか課題にしていませんが（深化・発展の段階を示すスタンダードを達成するためには援助の方法や水準を考えざるを得ません）、しかし画期的なことは、これらの個々のキューブの中に発達させるべき諸能力を入れ込む発想をしたことです。過去に起きた問題・ケース・事例を入れ込む整理箱ではなく、育てるべき能力を方法的なレベルで入れ込んだのです。学校教育相談で「育てる」「カウンセリング」がもし可能であるならば、特定技法だけでなくこうした全体設計が必要だと思います。

(4)学校教育システムでの位置づけ

　あるべき学校教育相談実践がこれでだいぶ包括的・全体的になりましたが、しかしこれらはアメリカで言えば（福岡教育大学西山久子氏のご教示による、Collison & Garfield, 1995）、学校におけるヒューマン・サービス・レベルの一部（これ以外にスクール・ソーシャルワーク、特殊教育の分野がある）でしかありませんし、さらに学校には、人事管理面もあります。学校教育相談は全体的な学校経営の問題・課題・論題にどのようにコミットできるか今も切実に問われていると思います。

補足「ASCA（アメリカ・スクールカウンセラー協会）のナショナル・
　　　スタンダード・プログラム」について

　プログラムというからには「スコープ（領域ないし範囲）とシーケン
ス（系列ないし配列）、子どもたちの学習結果ないし能力、学習結果を
達成するために役立つ活動と過程、専門的資格を備えた職員、教材と資
源、説明責任を果たす方法など」を有するものである。まず、目標を「子
どもたちの学習を進歩させ向上させること」と規定し、さらにこれを「幅
広く相互に関連する子どもたちの3つの発達領域を通じて行われる」と
する。①学業的、②キャリア的、そして③個人的–社会的な発達であり、
それぞれの領域に3つのスタンダードを設定する。①は「学業において
成功を実感し、学習に専心して学習を最大にし、優れた業績を生み出し、
高校以後の広い範囲の選択肢とチャンスのための準備を整える」ことで
ある。②は「子どもたちが労働に対する積極的態度を育て、学校から労
働界へ、仕事から仕事へ、生涯にわたるキャリア期間においてうまく移
行する」ことである。そして③は「一人一人の子どもたちの個人的成長
を支援し最大限に達成させ、子どもたちの教育（学業）的、キャリア的
発達を増進させる」ことである。

　これらには当然に学び達成すべき「個々の知識と態度と技能」が含ま
れていて、プログラム評価に資することになる。もっと具体的に述べら
れているが、一般的には①については、「学校学習に限らず生涯学習に
も役立つ態度と知識と技能を身につけること、学校で成功するためにさ
まざまな方途を駆使すること、学ぶことと働くことや家庭・地域で生活
することとの関係を理解すること」、②は「将来のキャリアにおける成
功と職業における満足を実現するためにさまざまな方途を駆使するこ
と、自分の特徴と、教育および訓練と、労働界との間の関係について理
解を深めること」、③は「自分自身と他人を理解し尊重し、効果的な対
人関係スキルを身につけ、安全と生存のスキルを理解し、社会に貢献す
る一員に成長するために役立つような技能と態度と知識を獲得するこ
と」である（Campbell & Dahir, 1997）。

5 隣接する学問や実践現場から学ぶ

　様々な領域から学ぶべきことはたくさんありますが、ここでは隣接する学問や実践現場から注目すべき知見を紹介することにします。学校教育相談の全体像を構築する上で参考になるものばかりです。

　これらは、学校心理学やカウンセリング心理学、さらに学校カウンセリング（スクールカウンセリング）、そして大学における学生相談です。

(1)学校心理学について

　日本における学校心理学研究は、発達臨床の視点を明確にしながら（日本教育心理学会, 1993)、早くから学校でのカウンセリング実践に関してクリニック・モデルではなく、学校教育の側面を強調し、その援助形態も教師同士の連携やネットワーク作りに着目してきました（一丸, 1994)。こうした流れの中で石隈氏（1996）は、アメリカの学校心理学の定義を拡大して日本の学校心理学を次のように定義しています。

> 　学校心理学は、学校教育において児童生徒が学習・発達面、心理・社会面、進路面において出会う問題を解決し、成長することを促進する心理教育援助サービスの理論と実践を支える学問体系である。心理教育援助サービスは、学校心理学の専門家と教師が保護者と連携して行う。心理教育援助サービスには、すべての子どもを対象とする活動から、特別な援助ニーズをもつ子どもを対象とする活動までが含まれる。発達面での援助とは、発達の遅れや偏りなどの問題や障害をもつ子どもへの援助をさす。

　このために、石隈氏（1996）によれば、第1に心理教育援助サービスは、それを主たる仕事として専門的に行う「専門的ヘルパー」、それを役割の1つあるいは一側面として行う「役割的ヘルパー」、そして、それを職業上や

家族としての役割とは関係なく自然に、自発的にあるいは結果的に行う「ボランティアヘルパー」の連携の下に行われます。

　第2に、援助サービスは、子どもが学校生活を送る上で出会う問題の解決における援助ニーズに応じる援助サービスのシステムという視点から、一次的教育援助（入学時の適応、学習スキル、対人関係能力などのすべての子どもを対象にした援助）、二次的教育援助（登校しぶり、学習意欲の低下など一部の子どもを対象にした援助）、三次的教育援助（不登校、いじめ、LD[*1]などの特定の子どもを対象にした援助）の3つに構造的に分類されています（日本教育心理学会, 1996）。

　第3に、援助サービスの主たる活動として、心理教育アセスメント（ある問題について意思決定するためにその基礎となる情報を収集し分析するプロセス）、カウンセリングおよび学習・発達援助、教師・保護者へのコンサルテーション（異なった専門性や役割をもつ者同士が援助の対象である子どもの状況について検討し、今後の援助のあり方について語り合う「作戦会議」）、そして、学校組織へのコンサルテーション（学校が子どもの学習と成長の場所としてよりよく機能するように働きかけること）があげられるのです。

　こうした学校心理学の成果（全体構成に関しては、石隈, 1997c に簡潔にまとめられています）から学校教育相談が学ぶことは、第1点目から学校教育相談担当者の在り方が明確にしうることです。歴史的に見て「ボランティアヘルパー」から「役割的ヘルパー」へと学校の中で位置づけられてきた学校教育相談担当者は、指導・援助の深さと広さ（専門性と現実的な妥当性や必要性）に対応しつつ、「専門的ヘルパー」に転換すべきですし、また、現状の下においてはこれら3種のヘルパーをコーディネートする役割を担っているのです（大野, 1997h）。

　第2点目からは、学校教育相談を質の高い段階的継起的構造的な専門的援助サービスができるようなシステムとして構築しうることです。学校教育相談活動は学校心理学と相互に呼応して、「すべての子どもにかかわる一次的教育援助、一部の子どもとしのぐ二次的教育援助、そして特定の子どもをつ

*1　DSM-5 では SLD：限局性学習障害（American Psychiatric Association, 2013）。

なげる三次的教育援助」と定義することができます（石隈, 1997b）。

　第3点目からは、今日までの学校教育相談に不十分であった心理教育アセスメントや学習面への援助を学校教育相談の体系に具体的に位置づけること、そして障害児教育を含めて（石隈, 1993a, 1993b, 1994, 1995）、学校教育相談を学校教育全体に関わる指導と援助の体系として構成する視点と方途を獲得しうると思っています。

　なお、小林幹子氏作成の学校教育相談と学校心理学との関連は図Ⅰ-4に示します。

(2) カウンセリング心理学について

　カウンセリング心理学の標準的なテキストの一つである、Gelso & Fretz (2001) では、カウンセリング心理学は治療 remedial、予防 preventive、発達促進 developmental といった極めて多様な役割や内容 diversity を有するものであり、それらを総括するとどのような特徴・特長が見いだせるのかを次の5つにまとめています。

① 個人のパーソナリティに関して重度の障害を受けている部分ではなく、健康な部分 intact opposed to severely disturbed personalities に焦点を当てる。健康なパーソナリティ、「正常範囲」に近い問題やクライエントに主眼を置く。

② 障害の程度ではなく、人の強さや資質 assets and strengths に注意を向ける。重度の精神障害者に対して働きかける場合でも彼らの持つ強さや資質に注意を向ける。

③ 比較的、短期間の介入 relatively brief interventions に重きを置く。

④ 人か環境のどちらかに焦点を当てるのではなく、人と環境との相互作用 persons-environment interactions に注目する。個人の特性ではなく、人と環境との相互作用に重点を置く。

⑤ 教育・キャリアの発達・環境 educational and career development and environment を重視する。個人の教育やキャリアの発達、および教育環境・職場環境を重視する。

図 I-4　学校教育相談と学校心理学

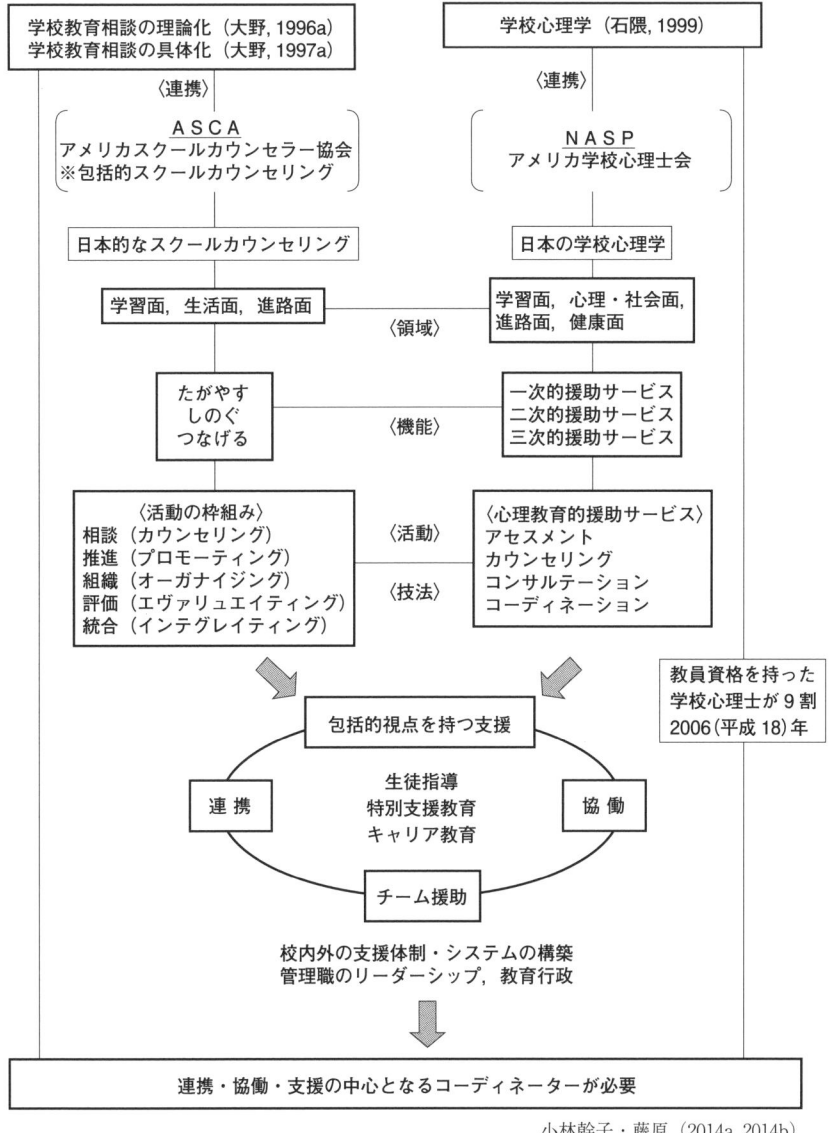

小林幹子・藤原（2014a, 2014b）

　これらの強調点は学校教育相談を支えていく心理学的な根拠ともなりうる
もので、今後のカウンセリング心理学の研究や実践に注目していきたいと
思っています。

(3)学校カウンセリングについて

　学校における教育相談の実践を、学校教育相談ではなく学校カウンセリン
グとして構成する研究方向（松原,1988a）もあります。私は学校カウンセリ
ングを、学校教育相談を構成する、重要ながら一部分であるととらえていま
す（大野,1993a,1997g）。

　松原氏は、学校カウンセリングを空間的に「児童・生徒を対象に、学校内
または教育機関で、スクールカウンセラー（学校教育相談員）が行うカウン
セリングである」（松原,1988b）と定義し、同様に「学校カウンセリングは、
児童・生徒の問題を中心に、学校教育を背景とした諸問題の解決や適応、人
格的成長を図るための学校カウンセラーが、援助・助言する活動をいう。す
なわち、対象は、児童・生徒の教育上の諸問題である。なお、大学における
学生相談も広義には、学校カウンセリングに含まれる」（松原,1994）として
います。

　一方、國分氏は、カウンセリングの一般的な定義（國分,1996b）と整合
的に、学校カウンセリングを次のように機能的に定義しています。「学校カ
ウンセリングとは、児童・生徒が学校生活を送るプロセスで出会うであろう
諸問題の解決を援助する人間関係である。ここでいう諸問題とは学業不振・
友人関係・進路・部活・親子問題・異性問題・不登校などが例である。」（國
分,1994）非常に簡明でわかりやすい定義です。

　ここから、國分氏は「援助の方法としては現実原則志向のもの（例：ガイ
ダンス）と快楽原則志向のもの（例：治療的カウンセリング）との両極が考
えられるので、生徒指導（サイコエデュケーションを含む）や教育相談は学
校カウンセリングの下位概念になるのではないかと私は今のところ考えてい
る」（國分,1994）と言っていますが、後半部分は私とは異なっています（大
野,1993a,1997g）。また、國分氏（1994）の考える今後の学校カウンセリン

グの方向・課題を展望的に提示すれば、次のようになります。

① 折衷主義

「どういう目的の時にどういう生徒にはどのようなアプローチがよい
かという発想を取り入れる必要がある」が、ここで大切なのは「これら
複数の理論をどうまとめるか、どう使いわけていくか、その原理あるい
はモデルを自分なりに定めること」であるとしています。単なる折衷主
義ではないことに注意しておきたいと思います。

② 育てるカウンセリング

「学校は社会化センターであって、治療センターではない」ので、具
体的には、キャリア・ガイダンス（あるいはキャリア・カウンセリング）、
構成的グループエンカウンター、授業に生かすカウンセリング、サイコ
エデュケーションがその内容になります（こうした要素の具体的で体系
的な記述は、諸富〈1999〉が参考になります）。

③ 集団体験

「個別面接だけがカウンセリングだと思ってはならない」のだから、
当然「グループにはたらきかけて個々人の成長を促す」集団体験（グルー
ププロセス）にも力を入れるべきであるとされます。

　学校教育相談にとって松原氏や國分氏の研究が示唆することは、学校教育
相談に固有な領域や方法を定立すべきだということです。特に國分氏の主張
は、抽象的にしか言われてこなかった開発的学校教育相談を明確にしてくれ
ます。実際にこの方向での卓越した学校教育相談実践が出てきています（例
えば、片野, 1992–1993; 水上, 1994–1995）。こうした動向（先駆的な研究には、
伊東, 1983 があります）を学校教育相談として自己の枠組みに入れ込むこと
が大切であると思います。

（4）学生相談について

　学校教育相談にとって大学の学生相談から学ぶことは極めて多いと思いま
す。私が影響を受けてきた実践研究の中からいくつかご紹介します。

　まず鳴澤氏らの実践研究は以下のように主張しています（鳴澤他, 1986）。

　　従来の学生相談室の活動は、待っていて相談に応じる駆け込み寺的な
　性格が強く、受身型で奥の院的なイメージをもつ密室型のカウンセリン
　グ・サービスを中心とするものであり、これでは街のクリニックと本質
　的に異なるところがない。だから、こうした活動の重要性を認めつつも、
　教育機関に勤めるカウンセラーの本来の職務とその最終的な目標は、す
　べての学生と教職員に対する精神的健康の維持・増進とその不健康への
　予防に務めることであり、その意味では、担当者は、カウンセラーであ
　るばかりでなく、学校というコミュニティの心の健康のオーガナイザー
　なのである。また、当然、学校の相談担当者は、学生個人の心のあり方
　（システム）を理解し、それに働きかける機能（カウンセリング）ばか
　りでなく、それらの学生をとりまく人間関係、大学の諸機関を含む生活
　システムに働きかける機能（コンサルテーション）をもつことが必要で
　ある。こうした問題意識をもつ時、カウンセラーの活動やその重点も変
　わってくる。
　　まず第 1 に、学生・生徒相談の中心である危機介入的援助や、その生
　徒・学生をとりまく援助・支援のネットワークづくり（個人の援護艦隊
　の修復）をめざすコンサルテーションが大切である。さらに、心の健康
　増進のための教育・指導活動や、自分の勤める教育機関内にある病根を
　抽出しよりよい教育的環境を提供できるようにする調査研究活動も重要
　である。こうした重さと深み、軽さと広がりとの両面を有する相談担当
　者が、今、求められているのである。

　これは、私の相談係の役割・活動内容の総括（大野, 1985）と問題意識を
共有するものです。
　一方、全国学生相談研究会議（1991）の実践研究も、学校教育相談の問題
意識と親近性があります。以下の悩みは学校教育相談と全く同じであると
言ってもよいと思います。例えば、「他でもやっていることをたまたま大学
でやっているだけなのか、それともやはり学生を対象にした固有の何かを

やっているのか、その辺のなにか、ターゲットの問題として、われわれはいったい何を狙っていて、誰を相手と考えての専門性なのかということを明確化すべきです」あるいは、「大学教育にとって学生相談固有の役割・機能は何かという問題に答えようとすれば、やはりそこで使う新しい技法を創り出すとか、それを一つの学問として体系化するとかでなければダメなのではないか。専門性というのは出てこないのではないか。つまり組織の専門性というのも一方にはあるが、何か学生に対する新しいアプローチを創り出すとか、それがかなり普遍性を持っているとかがなければ」。

　また、外国の学生相談が、①学生への個人ならびにグループによるカウンセリング・心理療法、②学生、スタッフおよび教授陣へのコンサルテーション、アウトリーチ（待ちのサービスだけではなく、出向いて行うサービス）、予防および教育、③メンタル・ヘルスの専門職を目指す大学院学生の訓練プログラムの提供、にねらいを定めている時、日本の学生相談は具体的にはどうあるべきなのか問題にせざるをえないのだと思います（全国学生相談研究会議, 1991）。

　この点に関して、下山氏（1991）は、学生相談を大学における各システム（学生集団・事務官システム・医療システム・教官システム等）の「はざま」性から見直し、「各システムと協力し、各システムやその中にある学生の援助のための資源をつなぎ、学生の成長を支えるソーシャル・サポート・ネットワークを創っていく"つなぎ役"となる」ことを期待しています。そのために学生相談活動を、援助活動のみならず、教育・コミュニティ・研究の諸活動として広くとらえているのですが、これは学校教育相談にとっても非常に重要な観点になります。

　以上の学生相談の実践研究（ケース・リポートとしては、鳴澤, 1998）は、学校教育相談の実践的な体系化を考えるとき、直接に参考になるものです。特に、学生相談は一部・特定の問題をもった学生のためだけではなく、すべての学生に共通する予防的・発達的・教育的な面が不可欠な要素であること、そして、学校というコミュニティの全体に関わるものとして構成されていること、この2点は学校教育相談にとっても極めて重要なものであると思います。

6 日本における学校教育相談の実践整理箱

「3　実践整理の概略」「4　実践整理箱・その意義」を通じて、私が解釈・補完しながらとらえることのできた限りでのカー・モデル等の実践整理箱の全体像（その意義や限界も含めて）はお伝えできたのではないかと思っています。ただこれは大部分横文字（を縦にしただけ）の借り物でしかありません。

この実践整理箱を、今現在の私が包括的に考えている学校教育相談の全体像（定義）と比較検討しながら、①これから先どのようなものとして鍛え上げ再構成していけばよいのか、②どのように利用できるか、③学校教育相談や学校教育にどのような貢献ができるか、といったことを主なテーマに述べていきます。

(1) 日本における学校教育相談の全体像（定義）

私が教育相談に興味を持ち、その勉強を始めたのは今からほぼ40年前に遡ります。定められた教育相談のプログラムなどはなく、教師を中心に学校という日常空間（子どもとの関係性の中）で、さまざまな問題・課題の解決を図るのですから、常に「学校とは何か」や「その中で教師は子どもたちに責任を持って何をしてあげられるのか（できないことはどうするのか、してはいけないことは何なのか）」がいつも問われていました。

その後に研究所や大学等でカウンセリングに関するトレーニングや研究もしましたが、それらはあくまでも前述した教師としての課題・問題を解くためのものでしかなく、当然これこそが学校教育相談の中核であると考えて今日まできました。

現場の担任業務（教科およびホームルーム）や生徒指導、学校教育相談の担当者として経験を積みながら、学校心理学やASCA等との交流の中で私が納得のいく形での学校教育相談の全体像（定義）を模索してきました。

この流れの中で決定的な影響を与えたのが、岩手県で行った東日本大震災・

復興教育支援活動でした。一般社団法人学校心理士認定運営機構が文部科学省から公的資金を受託し、岩手県立総合教育センター所長と私が本部長となり、「岩手県立総合教育センター、岩手県教育委員会、岩手県の各学校や教育機関と綿密な連携を図り、教育相談コーディネーター（学校心理士）の育成や沿岸部への配置、教育相談コーディネーター研修のテキスト作成等を行う」（文部科学省 HP 掲載）というものでした（その記録は、一般社団法人学校心理士認定運営機構〈2013〉としてまとめました）。

　ここでの中心課題は、子どもを中核とするトータル・コーディネートされた心理教育的援助サービス（心理・社会面のみならず学習面や進路面、健康面に、さらに教育領域のみならず福祉、労働、医療、司法等を含めた包括的で統合的な支援）であることが明確になりました。このことは学校教育相談の重要課題であることから、現時点でのわれわれの学校教育相談の全体像（定義）は以下のように整理しました。

学校教育相談 School Counseling Services by Teachers in Japan とは

（対処領域）

　児童生徒の学習面（広く学業面を含む）、進路面（針路面を含む）、生活面（心理社会面および健康面）の課題や問題、論題に対する。

（対処方略）

① 情緒的のみならず情報的・評価的・道具的にもサポートをする。

② 実践家に共通の「軽快なフットワーク、綿密なネットワーク、そして少々のヘッドワーク」を活動のモットーとする。

③ 「反省的（省察的）実践家としての教師」というアイデンティティの下で行う。

（対処水準）

④ 参加的な観察を中核とする統合的なアセスメントにより子どもたちを理解してみまもる＝「見守る」。

⑤ すべての子どもが持っている創造力（クリエイティビティ）と自己回復力（レジリエンス）とにていねいにかかわる＝「関わる」（狭義

　のカウンセリングのみではなく、構成的グループ・エンカウンター
　等のグループ・ワークやソーシャル・スキル・トレーニング等の心
　理教育も含め、さらに、そうした直接的なかかわりをチームとして
　支える作戦会議等をいう）。

⑥ 早急な対応が必要な一部の子どもとしのぐ＝「凌ぐ」（危機介入や論
　理療法等も含む初期対応等をいう）。

⑦ 問題等が顕在化している特定の子どもをつなげる＝「繋げる」（学校
　内外の機関等との作戦会議を土台とする連携・協働等をいう）。

⑧ すべての子どもがこれからの人生を豊かに生き抜くために、もっと
　たくましく成長・発達し、社会に向かって巣立っていけるように、
　学校という時空間をたがやす＝「耕す」（学校づくりのことをいう）。

（対処位置づけ）

⑨ 教育相談コーディネーター教師（特別支援教育コーディネーターを
　包含する）を中核とするチームによる組織的系統的な指導・援助活
　動（指援）である。

　ここには微々たるものかもしれませんが、私の今までの実践研究のエッセンスが入っています（後述⑩）。前項までにふれてきたカー・モデルやASCA の実践研究との異同を問題にしながら日本における学校教育相談の実践整理箱の基本線をまず模索したいと思います。

　なお、現時点では文部科学省中央教育審議会の議論に注目しています。「教育相談コーディネーター教師」が「チーム学校」（後述⑪）のある種のリーダーになりえるかどうか、さらに「学習面（広く学業面を含む）」に関わって新学習指導要領の「学力」に対する考え方の変更（「学力」という用語を使わずに「資質・能力」に統一、後述⑫）を受けて、特に「学業」面へのサポートをどのように構成していったらよいか。今後の推移を追跡したいと思っています。

(2) 学校教育相談の定義に関わる重要項目について

　前述の学校教育相談の定義には重要項目が含まれているので、詳しく解説

する必要があります。

① 情緒的のみならず情報的・評価的・道具的にもサポートをする

　今まで学校教育相談の実践や研修において情緒的な対応を強調しすぎるきらいがあったのではないでしょうか。これからの学校教育相談の実践や研究では、コミュニティ心理学や組織心理学のサポート論（山本, 1986; 田尾, 1991; Orford, 1992）や教育学研究での「かかわり論」（岡田, 1993, 新しい視点も加えて、岡田 1998）から見直して、以下のようなもっと広いサポートを考えるべきだと思います（大野, 1996c, 1997b, 1997f）。

　児童生徒はいつでも自分のことを、受容的で調和的・呼応的で横の関係から暖かく包んでくれること（情緒的サポート）を望んでいるわけではないのです。ある時にはこれは本当に鬱陶しいものでもあると思います。横の関係から、時には対立的・葛藤的にもなるかもしれませんが、相手に対するきちっとした知識やさっぱりした情報だけを与えて（情報的サポート）、それによって児童生徒自身が失敗しても自分で挑戦してみたいことだってあります。

　一方、学校教育相談担当者が必要に応じて対立的・葛藤的で縦の関係から児童生徒に適時適切な自己開示（Weiner, 1978; 横島, 1997）や、ある時には対決をし、だめなものはだめ、よいものはよいと言うこと（評価的サポート）が必要であり、それは究極的には児童生徒自身の望みでもありうるし、それによって児童生徒が成長するのです（大野, 1996d; 部活動の面からのアプローチとして、吉村, 1997）。さらに、学習や進路決定、友人関係作りがうまくいかない生徒に対して、縦の関係から調和的・呼応的に導くために、ある時にはそのやり方をコーチしたり（武田, 1985）、障害を除去する方法を教授しても（例えば、ソーシャル・スキル・トレーニングに関しては、渡辺弥生〈1996〉、さらに一般的にライフ・スキルに関しては、World Health Organization〈1994〉）よいはずです（道具的サポート）。

② 「軽快なフットワーク、綿密なネットワーク、そして少々のヘッドワーク」

　この言葉はコミュニティ心理学研究者のものです（山本他, 1995）。

　実践現場でのケアは、理屈や理論だけで周囲を納得させて行えるものではなく（少々のヘッドワーク）、身も心も全体として使った営為なのです（軽快なフットワーク）。しかも計画的で意識的なものと偶然で無意識的なもの

をも含めた「小宇宙」をコンステレーションとして見通すべきもの（綿密な
ネットワーク）でもあります。狭い専門性に安住したアプローチでは、教育
現場の複雑系に対応できないと思います。学校教育相談をさらに普及・定着
化させるために、学校教育相談担当者は「適切な距離を保ち深いりせず、個
人やコミュニティ全体が育つように見守ること」「声がかかればいつでも援
助にかけつけ、うまくいけばさっと身を引くフットワークや、利用可能なネッ
トワークに精通していること」（山本他, 1995）も心がけるべきなのです。

③ 反省的（省察的）実践家としての教師

　教師が学校教育相談を担当することは二重の意味で「曖昧さ」に巻き込ま
れることでもあります。それは、教師という職と学校教育相談の機能という
２つの曖昧さです。しかしながら、前者に関して、佐藤学氏（1997a）は再
帰性・不確実性・無境界性という３つの概念から考察し、再帰性から自己の
存在と関係を問い直し組み直す実践（反省的実践）を、不確実性から教育実
践の文脈依存性と価値の多元性と理論の複合性を、そして無境界性から教職
の専門性における総合性・統合性・自律性の基盤を析出しています。ここか
ら、佐藤学氏（1997a）は、「３つのR（読み・書き・算）を中心に組織され
てきた伝統的な教育内容は、他者の幸福のために心を砕く「ケア」（care）と、
自他の暮らしに関わる社会的な事柄を知的に考察する「関心」（concern）と、
自然との調和的な関係や他者の人生との連帯を回復する「絆」（connection）
という３つのCを中心とする教育内容へと再構成されるべきだろう」という
のです。換言すれば、世界づくり（対象世界の構成）、仲間づくり（対人関
係の構成）、そして、自分探し（自己内関係の構成）の専門家（佐藤 学,
1996a）として教師が存在するならば、これは学校教育相談担当者の中核的
な内容でもあります。

　今学校で必要とされているのは、「他の専門職と同様に、専門性の基礎を
専門領域の科学的な知識と技術の成熟度に置き、教師の専門的力量を教科内
容の専門的知識や教育学や心理学の科学的な原理や技術で規定する」ところ
の「技術的熟達者（technical expert）」ではなく、「教職を複雑な文脈で複
合的な問題の解決を遂行する文化的・社会的実践の領域として設定し、教師
の専門的力量を、教育問題状況に主体的に関与して子どもと生きた関係をと

り結び、省察と熟考によって問題を表象し解決策を選択し判断する実践的な見識に求める」ところの「反省的実践家（reflective practitioner）」（佐藤 学, 1996b）としての真摯な教師（佐藤昭雄, 1990）であり、学校教育相談担当者であると思います。

④−⑧「かかわる」「しのぐ」「つなげる」「たがやす」

　学校教育相談の機能を全体的にとらえるには、「かかわる」「しのぐ」「つなげる」「たがやす」という生き生きとした大和言葉が適しているように思われます（大野, 1997d）。「かかわる」という語は、「かかわり」という名詞で（稲村, 1988; 近藤 卓, 1988; 岡田, 1993、なお、Carkhuff〈1987a〉の使っている attending という用語は「かかわり技法」と訳されている）、「つなげる」も「つなぎ」（下山, 1996b）として使われてきました。ただし、学校では、児童生徒と一緒にうまくその場を「しのぐ」（時間を稼ぐ）ことも、学校全体を「たがやす」ことも重要なのです。このことについて、もう少し説明したいと思います。

　まず、教育相談・カウンセリングは学校教育相談担当者の仕事の一部でしかありません。もっとベーシックな「かかわり」（英語では、relate ばかりでなく care, coach, commit, guide, teach なども入ると思います）を必要とします。また、その時・その場の本人の心のあり方に「かかわる」ばかりではなく、それを含み込んでいる「生きている場」に時制的にも過去・未来と「かかわる」ことになるのです。これは、コミュニケーション（Benjamin, 1986）やヘルピング（相互の助け合い、Carkhuff, 1987a, 1987b, 1987c）と言ってもよいもので、カウンセリングにおいても常に重要なものです（Waehler & Lenox, 1994）。平木氏（1989）や菅野氏（1990, 1995）、中原氏（1994−1995）は、このあたりのことをうまく表現しています。なお、「かかわり」に関しては、パーソナル・スペース（渋谷, 1990）の問題や交流のあり方（実践例として、今西, 1998）、またその「かかわり」をきちんと自分で認識している自己モニタリング（丸野, 1993）の重要性についても目を向けるべきでしょう。これは当然ホームルーム担任にとっても重要です（大野, 1994−1995）。

　さらに学校教育相談担当者は、指示や助言、指導を中心とするガイダンス

（例えば、その試みとして大野, 1998a）やコーチング（山谷, 2012）、さらにクラス・小グループでの構成的グループエンカウンター（國分, 1996a; 茨城県教育研修センター, 1997a; 茨城県教育研修センター, 1997b）やソーシャル・スキル・トレーニング（特に自己主張訓練については、平木, 1993）、心理教育（例えば、旧来からの心理臨床と学校教育への批判から教育概念の変革を迫る岡林氏〈1997〉の主張は教育現場から見て注目に値します）等の広義の「かわわり」も必要とされるのです。これらは、新しい実践研究（例えば、栗原, 1993, 1999; 静岡県立静岡南高校相談室, 1997）を含み込ませて、もっと豊かになってくると思います。

　また、その時その場での適切な介入（指導）により情緒的な混乱に陥っている児童生徒等を以前の均衡状態に戻す危機介入等の「しのぐ」働きも重要です（大野, 1996b）。ここでは、危機介入の手法（Aguilera & Messick, 1974; 斎藤友紀雄, 1996、電話相談については、Lester & Brockopp, 1973; 長岡, 1998a、実際の暴力行為への対応についてはアメリカの CPI の活動を紹介する、新福他, 1998a, 1998b）や論理療法（Ellis & Harper, 1975; Ellis & Dryden, 1987; Ellis, 1988; 日本学生相談学会, 1989、実践的な研究として、渡辺元嗣, 1999）といった短期決戦型の介入（Murphy & Duncan, 1997）が学校現場には適合的です（大野, 1989b, 1990c, 1991）。

　もし、狭義の治療的なカウンセリング等の必要が出てくれば、「かかわり」をベースに危機介入をしつつ徹底した作戦会議を開いて（その際の具体的な進行方法については、石隈・小泉・大野〈1997〉、またカウンセリングと区別したコンサルテーションのあり方については、山本, 1986; Kurpius & Fuqua, 1993; 今田, 1998）、保護者や校内外の分掌や専門機関等と連携・協働すればよいのです（「つなげる」、実践例としては、瀬戸, 1994; 原田他, 1997; 中村 健, 1997; 川合, 1997; 佐藤一也, 1998）。なお今、学校で問題になっている「無気力」（アパシー）な子どもへの対応は「つなぎモデル」（下山, 1996b, 1997）が有効だとされています。

　こうした対応と共に、さらに学校のカリキュラムや指導・援助のシステム、学校の施設・設備等も含めて当該児童生徒にとっても、さらにすべての子どもにとっても豊かで適合的な環境を学校内外に創っていけばよいと思うので

す（「たがやす」、私の方向は、大野〈1986d, 1994a, 1999〉をご覧ください）。

⑨ 特別支援教育に関して

　私は「障害児教育を含めて学校教育全体にかかわる指導と援助の体系として学校教育相談を構成すること」を自分自身の課題としてきました。WHOの「障害」の定義も大きく変更され、そして日本で「特別支援教育」が登場してきました。私は私なりにこの本流をフォローして、学校教育相談の枠組みに入れ込めると確信していました。

　○ WHO の「障害」概念

　WHO は「障害」を「病気や不調」ではなく変化する「健康状態」の視点からとらえるようになりました。生涯発達の各年代やそれぞれの環境状況等に随伴する人間の「生活機能（functioning）」は心身機能・構造（body function and structure）、活動（activity）、参加（participation）の3つによって構成され、これらが機能障害（impairment）、活動制限（activity limitation）、参加制約（participation restriction）に出会うときに「障害」になるのであって、WHO の旧来の障害分類である機能障害（impairment）、能力障害（disability）、社会的不利（handicap）のように、はじめから個人の属性としてあるのではないというものです（以上、上田・佐藤久夫〈2001〉をまとめました）。

　この視点はインクルージョン教育につながるものです。例えば「感覚器官あるいは中枢神経系の大きな障害」が「いかに重度であろうと、彼らの困難のすべてを説明するものではなく、いろいろなレベル、教え方、親の育て方、仲間の支援、友情、近隣からの積極的な態度、あらゆる種類の障碍の除去への環境的介入に対する十分な領域がある」とすれば、「抑圧的で差別的で能力に欠けているのは社会と施設であって」「注意の焦点は、障害者の社会参加への障碍を除き、排除を生み出し維持している施設、規則、態度を変えることに向けなければならない」（ミットラー〈Mittler, P. J.〉）はずです（詳しくは大野, 2003a 参照）。これらは学校教育相談では「つなげる」「たがやす」レベルの課題・問題・論題だと思います。

　○特別支援教育と学校教育相談との親近性

　特別支援教育という考え方そのものは学校教育相談に極めてよくなじむも

のです。学校教育相談は本来特別に（個別的あるいは常時継続的とは限らない）指導と援助（支援と同じ意味で指援としてよい）を要する子どもに対して教育レベルでの対応を重要な要素として含み込むものです。これがあるからこそ、個別の心理・医療・福祉等の各臨床との区別がつくのです。これらは学校教育相談では「かかわる」「しのぐ」レベルの課題・問題・論題だと思います。

　ただこうは思ってみても、抽象的で実践の裏付けもありません。私の考える学校教育相談活動の方向付けや全体像・将来展望（これが私にとっての「理論」の第一の意味で、「理論的にとらえる」というものです）がはたして特別支援教育にも整合的に拡張できるものなのか不確かでした。

○藤原忠雄氏の立論について

　藤原忠雄氏（全日制・定時制の高校や行政も経験され、所属学会から教育実践に関わる論文で奨励賞も受けた研究的な実践者で、現在は兵庫教育大学教授）の組織体制も含めた実践論文（例えば、藤原〈2005〉など）は私にとって、ようやく長年の課題（学校教育相談にとっての特別支援教育の意味合い）を一歩先に推し進めていただいた感じです。さらに具体的な展開として、文部科学省（2016）の報告があります。高校でもようやく学校教育の制度として特別支援教育が本格的に実施されようとしています。

　特別支援教育コーディネーター（当時）としての藤原氏が主張されていることを私の理解で要約すれば、〈1〉特殊教育から特別支援教育への転換期にある現在、最も大切なのはまず「全校的な見地」から将来展望を共有することであり、そのために〈2〉当面の「特別支援教育推進活動全体像」を暫定的にであれ確定・提示し、さらに〈3〉経年的に深化発展させるダイナミックな要素をこの中に入れ込むべきだ、というものです。

　まず〈1〉については、勤務校の「沿革（歴史）の検討を縦軸に、国・県の施策（特別支援教育を推進するための制度の在り方について〈中間報告〉等）、社会や地域の要請、隣接領域（福祉、保健等）の動向を横軸にとり」「その（各）時代において担ってきた役割とその際の課題等」を検討することで、「現在の立脚点を確認し、将来展望（方向付け）を行」ったとのことです。こうした検討があるからこそ、この「地域の特別支援教育のセンター的役割」

という将来展望の一つも具体的にイメージ化できるのでしょう。

　次に〈2〉は〈1〉の問題意識の延長線上に出てくるもので、「まず多くの文献に当たり、特別支援教育に関する活動、特別支援教育コーディネーターの担う役割等を整理し」、さらに藤原氏の「二十年余りの学校教育相談活動の経験から特別支援教育に盛り込む必要がある活動を付け加え」たとしています。問題はこれをどのように構造化するかです。条件としては藤原氏が言うように、「全体像が明確につかめるもので」「誰が担当になっても取り組むことができるように、組織活動化・ルーティーンワーク化できること」等があげられます。

　そして〈3〉については、「今までの障害児教育の世界にあまり浸透して（意識されて）いなかった学校教育相談」の「斬新な視点、考え、手法等」をあげ、「一般教育と特別支援教育とを包括した学校教育全体の活動として」、学校教育相談が「普及発展し、定着すること」を求めています。

　藤原氏は前述した〈1〉については私の「学校教育相談理論化の手法に倣い」とし、〈2〉について私が「学校教育相談の全体的枠組みとして設定している統合活動、相談活動（ここでは、「相談」活動を「支援」活動という名称にしました）、推進活動、組織活動、評価活動の五つに集約できることを確認の上、整理し」たとし、さらに〈3〉については私の「理論（把握）の構築過程」の「取り組みの中に」ヒントを見いだしているようです。私の学校教育相談に関する全体像や見通しが一つの触媒になって、藤原氏の実践活動を豊かにできたとすれば、本当にうれしく思います。ただし、藤原氏も言うようにこれからの課題は大きいものです。

　○藤原氏の立論に学ぶ

　藤原氏の組織的な実践から特別支援教育は大きく見て広義の学校教育相談に含み込ませてもよいかどうかさらに実践的な検討を積み重ねる必要があります。もしも仮説（冒頭に書きましたように私の主張です）として図Ⅰ-5のように学校教育相談の全体像が理論的に整理しうるとするためには何が必要でしょうか。

　藤原氏は特別支援教育からの課題（進路面、学習面、生活面（適応面、健康面）という活動領域、「かかわる」「しのぐ」「つなげる」「たがやす」とい

図Ⅰ-5　学校教育相談の全体像

```
最広義の学校教育相談 ┬ 広義の学校教育相談 ┬ 狭義の学校教育相談
                    │                  └ 特別支援教育
                    └ 臨床教育相談
```

う活動内容、情緒的、情報的、評価的、道具的というサポート方法等が、特別支援教育を推進していく際に、それで十分かどうかを確認する等）をまとめています。学校教育相談から課題としては以下の３つが発展的に考えられます。

　第１には、特別支援教育は「教育」として組織化され、養成も資格化も整っている（正確には、整いつつある）にもかかわらず、相変わらず「（狭義の）学校教育相談」は学校における副次的教育活動で養成も資格化もなされないままでよいのか。

　第２に、広義の学校教育相談の中核的な担い手を教諭・養護教諭（学校教育法及び教育職員免許法に定められている）とし、臨床教育相談の担い手を臨床心理士等の外部専門機関等の心理職（2016年９月に法制化された「公認心理士も含む）とした場合に「最広義の」学校教育相談は教育レベルでどのようにイメージできるか。

　そして第３に、「最広義の」学校教育相談は子どもたちへの指導と援助のために医療や福祉、労働、矯正、司法等の専門的職分（機関）とどのように協働できるか。

　私は「学校心理士」認定運営機構の「学校心理士」資格こそこの課題への１つの回答であるととらえ、さらに「医療・看護・介護・教育をつなぐケアの社会倫理学」（ネットワーキング論）の構想に注目しています。われわれ学校教育現場の実践家はこれからもこうした動向に敏感である必要があります。藤原氏が問題提起した「特別支援教育と学校教育相談との関連性」はこのあたりまで含むものだと思います。

⑩ **実践研究のエッセンス：相談係の役割とは**

　私ははじめのうち学校教育で教師が教育相談係としてどのような役割を担

えるかを考えてきました。ここでの到達点は図Ⅰ-6の通りです。

　まず第1に、個々の児童生徒との相談を担当したり、他の教師に意見を述べたり、あるいは、教育研究所、病院などの校外の専門家と連携しながら相談活動をする役割を、「カウンセラー」（相談役）としての相談係としました。

　第2に、日本においてはカウンセラーという専門職が法制度的に定められていないために、教師が学校での相談活動を兼務し、学校教育相談に対する教職員の共通理解の形成に努めたり、あるいは、学校教育全体の中で学校教育相談を的確に位置づけ、それに即して実践する必要があります。相談活動をしながら、同時に相談活動の基盤作りをしなければならないのです。こうした役割を「プロモーター」（推進役）としての相談係としました。

　第3に、相談係としてこうした二面的な仕事をしていく場合にも、短期的

図Ⅰ-6　相談係の役割

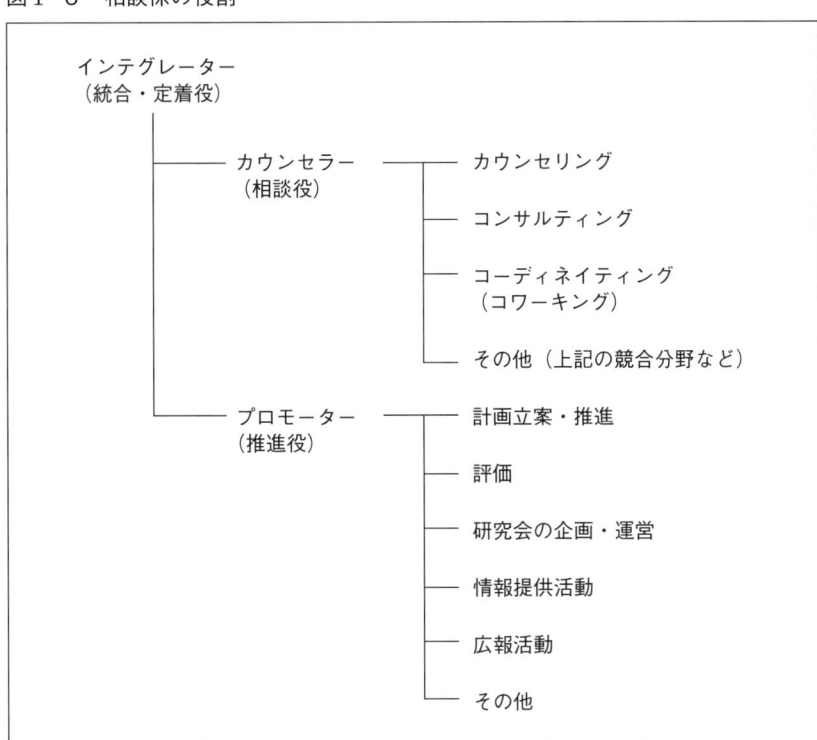

（大野, 1986b）

横断的な目標（その時のその学校での目標や課題）のみではなく、長期的縦断的な目標（これからのその学校の目標や課題）をも設定すべきでしょう。例えば、カウンセラーとして、ある場合には最大の注意を払って不登校やいじめなどの問題に対して治療的な相談活動を行うのみならず、すべての子どもを対象とした予防的・発達的（開発的）な教育相談をも展開しなければ、学校教育相談が限られた一部の子どものためのものになってしまいます。また、プロモーターとして現在の学校教育相談活動が円滑に進むように配慮するばかりではなく、その一層の定着化を考えながら実践していく必要があります。ただ、これらのことは一度に全部やりきれるものではないので、学校の現状を踏まえて長期的な展望に立って段階的に進めて行かざるを得ません。例えば、カウンセリング・マインドの徹底→校務分掌への位置づけ→カリキュラムへの編入→専門カウンセラーの設置、という手順も考えられます。今、何をすべきか、それはどのような意味・意義があるか等を分析しながら実践していくのです。こうした学校教育相談の創造的統合的な定着化の役割を「インテグレーター」（統合・定着役）としての相談係としました（図Ⅰ-6参照）。

　前述した相談係の役割から見た学校教育相談の全体像を作り上げたところから、この延長線上で区別が難しく、紛らわしい用語である「カウンセリング」や「教育相談」、「学校カウンセリング」「学校教育相談」も以下の通り私なりにようやく定義できました（大野〈1993a〉を一部追加修正）。

○カウンセリング counseling

カウンセリングは、資本主義経済の発展に伴なって生じた20世紀初めの職業指導や精神測定等の運動に端を発し、現在ではその理論や方法、技法は主要なものでも十指以上にものぼるが、それらに共通する考え方・進め方は、佐治守夫の定義に従い、情緒的問題や基本的に自らの生き方に問いを投げかけているあらゆる年齢層の人々に対する心理的コミュニケーションによる人間的な援助の営みと表現できる。だから、カウンセリングの場の在り方や人間的な関係の質が問われることになる。心理的に自由で許容的な場を保障するために、基本的には秘密保持の原則が貫徹されなければならない。また、人と人との信頼関係や人格的人間関係を形成するためには、ロジャーズ

（Rogers, C. R.）の言うように援助する者は相手に対して共感的な理解や無条件の好意的な配慮が最低限伝達されるように努める必要がある。援助時における自己一致も極めて大切である。

○**教育相談 school counseling**

学校教育場面に関わるカウンセリング活動で、主として心理学や教育学等の専門家が面接により学校教育に関わる諸問題に対して保護者・教師・児童生徒に相談・診断・指導・助言・援助するプロセスをいう。実務的には、現職研修等を受けた教師の教育相談活動もその中に含めて、次のような定義（文部省, 1981）がわかりやすい。すなわち「一人一人の子供の教育上の諸問題について、本人又はその親、教師などに、その望ましい在り方について助言指導すること」であり、「個人のもつ悩みや困難の解決を援助することによって、その生活によく適応させ、人格の成長への援助を図ろうとする」活動である。教育相談は学習障害児や不登校生徒等に対する診断や援助といった治療的なアプローチのみならず、情緒障害や反社会的問題行動の予防、そして学業指導や進路指導等の発達的・開発的・教育的なアプローチをも含む広い活動である。

○**学校カウンセリング schoolcounseling**

学校教育相談の中核的な活動であるが、学校においては専門機関と異なりカウンセリングのみを行うことはできないし、それが適切なことかどうか疑問である。そこでリーゴンやマックダニエルに倣って（Ligon & Mcdaniel, 1970）、学校カウンセリングを〈1〉カウンセリング、〈2〉コンサルティング、〈3〉コーディネイティングに分けて考えるのが実践的には便利である。児童生徒等の悩みや適応上の問題のみならず、学業・進路指導等に関わるカウンセリングに加えて、対等の立場で他の教師や保護者に対して専門的な助言をしたり、一緒になって考えるコンサルティング、そして児童生徒のために学校内外の人的物的資源（専門機関の紹介等）を仲介し、援助のネットワークづくりをするコーディネイティングは、これからの学校カウンセリングに必要不可欠のものである。これら3つの活動の統合によって学校カウンセリングは活性化すると思われる。

○学校教育相談 school-counseling（School Counseling Services by Teachers in Japan）

　学校における（特に小学校、中学校、高校）教育相談活動をいうが、その固有の考え方や領域等についてはいくつかの見解に分かれている。その中核にはカウンセリング、コンサルティングやコーディネイティング等の学校カウンセリングがあるが、それだけに止まらない。まず、学校教育活動の一環としての教育相談であるので、学校の教育目標に従って他の諸活動（例えば生徒指導や学習指導等）と統合を図った年間業務計画を作成する必要がある。また、教育相談に対する理解と協力を得るために校内研修会や事例研究会を開催したり、関連する文献・資料や校外の研修会を積極的に紹介することが大切である。さらに児童生徒や保護者等に対する教育相談の広報活動も重要である。教育相談を支え、その土台を作るこれらの推進活動と相まって、学校教育相談は普及・充実し、発展・定着化してくるものと思われる。

⑪ チーム学校

　「チームとしての学校の在り方と今後の改善方策について」として、中央教育審議会（平成 27 年 12 月 21 日）は以下のような答申をしています。

　　学校が、複雑化・多様化した課題を解決し、子供に必要な資質・能力を育んでいくためには、学校のマネジメントを強化し、組織として教育活動に取り組む体制を創り上げるとともに、必要な指導体制を整備することが必要である。その上で、生徒指導や特別支援教育等を充実していくために、学校や教員が心理や福祉等の専門スタッフ等と連携・分担する体制を整備し、学校の機能を強化していくことが重要である。

　　このような「チームとしての学校」の体制を整備することによって、教職員一人一人が自らの専門性を発揮するとともに、心理や福祉等の専門スタッフ等の参画を得て、課題の解決に求められる専門性や経験を補い、子供の教育活動を充実していくことが期待できる。

　　学校において、子供が成長していく上で、教員に加えて、多様な価値観や経験を持った大人と接したり、議論したりすることは、より厚みのある経験を積むことができ、「生きる力」を定着させることにつながる。

⑫ 学力から資質・能力へ

中央教育審議会・初等中等教育分科会（平成27年9月14日）配付の資料1には以下のような記述があります。

次期学習指導要領等の構造化の在り方については、教育課程について、「何を知っているか」という知識の内容を体系的に示した計画に留（とど）まらず、「それを使ってどのように社会・世界と関わり、よりよい人生を送るか」までを視野に入れたものとして議論する。

ここからは基本的な中核用語（概念）として、「（狭く固定的なストックとしての）学力から（未来に向けて発達し続けるべき）資質・能力へ」と転換したように読み取れます。

7 日本における学校教育相談の実 践(プラクティス) 整理箱（大野モデル）とその体系化

(1)大野モデルとカー・モデルとの比較検討

私の学校教育相談の全体像（定義）は文章で表現されていますので、これをカー・モデルのように整理すると、以下のようになります（図I-7参照）。

① 子どもにとって生活の場であり、学ぶ場である学校での、教師（教諭・養護教諭等）を中核とした、教師の側からの指導かつ援助のモデルである。

② 指導・援助カテゴリーとして、対象は学習面、進路面、生活面（原文では4区分であるが、まとめると）、方法として情報的・道具的、情緒的、評価的（同じく原文は4区分だが）、水準として「かかわる（しのぐも含む）」「つなげる」「たがやす」の各々3区分にまとめられる。

③ 単なる問題ばかりでなく、教師がチームとして組織的に取り組むべき、子どもたちのこれからの課題や、学校として明確にして対処すべき論題も含んでいる。

　一方、カーの「援助に関するキューブ・モデル」に ASCA の実践研究等を補完した実践整理箱の意味合いは、上述した私のモデルとパラレルにまとめると、以下の通りです。

① 子どもの問題ケースを、子どもの側から整理した援助（ヘルピング）の整理モデルである。

② 援助カテゴリーとして、対象は職業的・キャリア的、学業的、個人的・社会的、水準として予防的、発達的、治療的、方法としてカウンセリング的、コンサルティング的、教育的、の各々３区分にまとめている。

③ 何らかの形で実際に起こった事例に対する援助であって、例えば ASCA の実践研究を組み入れないと、教育指導という発達課題等を目指したプログラム指向が出てこない。

　なお、両者に欠けているのは、実践事例をアセスメント→介入→フォローアップ（評価を含む）という流れでとらえる明確化あるいは問題解決化という縦の系列です（p.15 図Ⅰ-1 の A を参照）。両者をまとめると図Ⅰ-8 になります。

図Ⅰ-7　学校教育相談の全体図：実践の整理箱（大野精一）

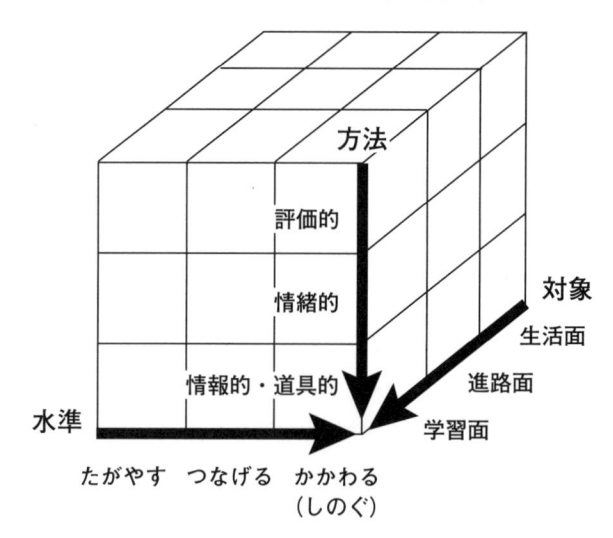

（2）日本における学校教育相談の体系化

　両者の比較検討結果を参考にしながら、日本における学校教育相談の実践整理箱作りの基本線に限って暫定的にでも明らかにしたいと思います。これが実践を記述し（記述フォーム）、その意味を読み解く基礎作業になりますし、さらに学校教育相談の体系化につながるものです。以下、要約的に述べます。

① 関係性の総体

　私がこだわるのは、教師、子どもたち、学校という関係性の総体である。カーと私のキューブ・モデルで構成をするとすれば、その中核（芯）は、対象として学業的／学習面、方法として教育的／情報的・道具的、そして水準として発達的／「かかわる（しのぐ）」という三次元（小）キューブとなる。これに他の各々2区分が隣り合わせに配置されることになり、焦点はこの芯に注がれるのである。カー・モデルも私もこの配置に関しては、無頓着だったと思われる。

② 指導箱（プログラム）であること

　実践整理箱は、すでに生じた単なるケースの援助整理箱のみではなく、順序と構造をもった発達プログラムの指導箱として機能すべきだと思われる。

図 I-8　実践整理箱：大野、カーのモデル比較

	大野モデル	カー・モデル
援助モデル	教師の側からの指導かつ援助のモデル	子どもの側から整理した援助（ヘルピング）の整理モデル
対象	学習面、進路面、生活面	職業的・キャリア的、学業的、個人的・社会的
方法	情報的・道具的、情緒的、評価的	カウンセリング的、コンサルティング的、教育的
水準	「かかわる（しのぐも含む）」「つなげる」「たがやす」	予防的、発達的、治療的

実践整理箱は、単なる学校教育相談の援助箱として構成されるべきではなく、学校教育の組織的計画的な指導箱（プログラム）でなくてはならない。

③ アクション・プログラムであること

　子ども中心の指導・援助プログラムは一見問題がないように見えるが、その実「べき論」の横行を招く危険がある。結果責任を明確にする教師や学校のアクション・プログラムでなければ、プロフェッションとは言えないと思われる。

　さらにいくつかの検討課題があります。

④ 各次元の要素は、時代や場、専門性によって異なっていくものと思われる。今後の議論が重要である。

⑤ 各次元は矢印で表示されてよいのか。図Ⅰ-7では、中心（中核）として「学習面」「情報的・道具的」「かかわる」に向いた矢印にしている。当然、学校とは何かが今後の議論となる。

⑥ 各次元での言葉（概念）は、園やそれ以外の教育現場、さらに小学校・中学校・高校でも異同がある。これを明確にし、再度議論を深める必要がある。

　まだまだ私の全体像とカー・モデルとは、折り合いがつかないところがかなりありますが、この基本線の下で、後は具体的な論点や分析を通してさまざまな研究とせめぎ合いつつも、その接点を見いだしていくつもりです。

第Ⅱ部

教師（保育者）の行う
教育相談の進め方

　第Ⅰ部では、教師（保育者）の行う教育相談（学校教育相談 School Counseling Services by Teachers in Japan）について理論的歴史的に述べました。

　ここからは教師（保育者）の行う教育相談（学校教育相談 School Counseling Services by Teachers in Japan）について、その具体的な進め方を記したいと思います。その際に問題になるのが、全国の園や学校で教師（保育者）の教育相談の中心をどこに定めるか（実践基軸）です。第Ⅰ部で明確にした学校教育相談の理論との架橋および融合や、カウンセリングやサイコセラピー（心理療法）とは異なった、教師（保育者）による教育相談（学校教育相談 School Counseling Services by Teachers in Japan）の具体的な進め方を導き出していきます。

1 はじめに

　第Ⅱ部も第Ⅰ部と同じく、すでに発表した私の雑誌連載[1]を土台（整理・要約）にして、その後の学会発表[2]や論文[3]等の展開を入れ込んでまとめました。

　第Ⅰ部でもふれましたが、今日までの実践研究の歴史的な蓄積から「中学校・高校」（その延長線上で小学校）での進め方が中心的な記述になっています。これらを学校教育法第一条校として幼稚園や保育所（幼保一元化の途上にある）にも援用できるにしても、その異同を明確にして上で「園における教育相談の進め方」として明確化する必要があります。このことについては第Ⅲ部で取り上げています。

---

[1] 大野精一 (2003-2006). 学校教育相談の実践を読み解く―体系化に向けて― 月刊学校教育相談（ほんの森出版), 2003年4月号-2006年3月号.

[2] 大野精一・菊地まり・河野奈美・茅野眞起子・金山健一・佐藤一也・小嶋まき・佐々木剛・中原美恵・伊藤久仁子・藤原忠雄・西山久子・今西一仁 (2007). 自主シンポジウム 事例研究のあり方（その1） 日本教育心理学会第49回総会発表論文集, S54-S55.【企画・指定討論者】

　大野精一・菊地まり・西山久子・伊藤久仁子・金山健一・中原美恵・藤原忠雄・佐藤一也・茅野眞起子・今西一仁 (2008). 事例研究のあり方（その2） 日本教育心理学会第50回総会発表論文集, S46-S47.【企画者】

　大野精一・金山健一・伊藤久仁子・茅野眞起子・今西一仁・佐藤一也・勝部奈美・菊地まり・藤原忠雄・中原美恵・西山久子 (2009). 事例研究のあり方（その3） 日本教育心理学会第51回総会発表論文集, S46-S47.【企画者】

[3] 大野精一 (2008). 相談面接法 日本教育大学院大学（監修）・高橋 誠（編著） 教師のための「教育メソッド」入門 (pp. 154-159) 教育評論社【単著】

　大野精一 (2009). 学校教育相談の枠組みとその訓練 日本教育大学院大学（監修）・河上亮一・高見 茂・出口英樹（編） 教員免許更新講習テキスト―教育現場のための理論と実践― (pp. 124-128) 昭和堂【単著】

　大野精一 (2011). 校内の教育相談活動のシステムと内容―教育相談部（係）の果たす役割と取り組み― 春日井敏之・伊藤美奈子（編） よくわかる教育相談 (pp. 144-147,

Ⅷ 校内の相談システムと教育相談）　ミネルヴァ書房【分担執筆】

大野精一 (2012). 学校カウンセリング・コンサルテーション 1 学校カウンセリング・コンサルテーションとは　学校心理士資格認定委員会（編）　学校心理学ガイドブック 第3 版（pp. 134-137, 第 9 章第 1 節）　風間書房【単独執筆】

大野精一 (2012). 基礎実習 2 学校カウンセリング・コンサルテーション基礎実習　学校心理士資格認定委員会（編）　学校心理学ガイドブック 第 3 版（pp. 204-213, 第 13 章）風間書房【単独執筆】

2 教育相談実践のとらえ方

(1)今までとこれから

　学校における教師（教諭・養護教諭）の学校教育相談に関わる「実践」に焦点を当てながら、できれば、といっても実際のところはそれに向けて最大限の努力をしても、私の力では現在その「序説（試論）」ぐらいにしかなりませんが、しかしそれでもその遠大な目標は、①実践の規範学、②実践の現象学、そして③実践の体系学として、学校教育相談実践を「学」に再構成することにあります。ここではその一端を示しますので、ご批判いただければ幸いです。

　第Ⅰ部は、「①実践の規範学」の一部に関わるものでした。実際の実践抜きに（現実の実践を対象にしなかったという意味ばかりではなく、現実の実践が意識的になされ、かつ正確に記述されているということを前提にしていました）、結果としての実践を規範的に（こうあるべきものとして）整理しました。これはこれで評価や整理の一つの考え方や基準を示すものとして重要・有益なのですが、実際には教育や保育の現場では多様な実践が展開されていますし、さらにそうした各現場で色づけられた「実践」は明確な目的意識を持たずに事実行為（意図せず現実にしてしまったこと）として行われることもあります。

　これは分析心理学で必ずしもネガティブなことではありません。あるいは逆に実践行為（事実行為との区分けで）が実践記録（面接や調査、観察等によるさまざまなケース記述や指導記録等、及びそれらに基づくケースレポートや実践録）にきちんと書き込まれているか不明確です。臨床的なカンファレンスをしても、実践者の記憶・記録が基礎である以上、同様の制約を免れないように思います。

　実際に行われた広義の実践行為（予期せぬ、あるいは意図せぬ事実行為も含む）と、書かれた実践行為（他者に伝えるために何らかの表現記録）とは乖離していると考えた方がよいわけです。とすると、「実践」とはどのよう

なことなのでしょうか。よく見かけるタイプは、例えば事実行為に独特の意味づけ（行間を読み解く名人芸！）を与えるものであったり、あるいは書かれた実践記録をそのままに受け取り、その上にある種の補完・補充をしながら一貫した物語として解釈納得的に「実践」をとらえるものです。

　しかしこれでは、解釈者が依って立つ理論の解釈妥当性はあっても、そうかもしれないし、そうでもないかもしれないということで「反証可能性」のないものです。われわれとしてはこうするまえにもっと実践者としてやるべきことがあると思うのです。それが前述した「②実践の現象学」に関わることです。

(2) 実践の現象学とは

　私はここでは厳密な哲学論議をするつもりはもちろんありません。実践の現象学という言葉で私が強調して言いたいことはただ一つだけ。実践者としての教師や保育者は、特有の一回性を持つ実践を目の前にしながら、一時的にでも可能な限り既成の知識や枠組み等を離れて、その時間に生じてくることやその場で生じていること（自分自身のその時生起する感情も含めて）をありのままに見つめ聴き取り、可能な限り多くを記憶・記録・記載することが重要だということだけです（Giorgi, 2009）。

　教師や保育者は、単に実践者であるばかりでなく、同時に記録者でなければならないと思います。これは何も教師や保育者としてアカウンタビリティ（説明責任）に備えるためばかりではありません。こうした態度（専門的には参与的あるいは参加的な観察者）や方法論（フォームとスキル）をもたなければ、教師や保育者の実践は、いつまでたっても研究者により解釈されるべき参考事例にしかなりえないのです。実践は、本来、それ自体で学校教育相談実践として積み上げられていくべき成果なのであり、ある程度の一般性（必ずしも普遍性を持つかどうかわかりません）を持った指導・援助のプログラムを作成する重要な素材になるものなのです。そういうものとして記録される必要があります。私はこの延長線上に「③実践の体系学」を考えています。このことについては今度の課題としていずれテーマ化するつもりですが、第Ⅰ部ではこのスタート地点を展望しました。

(3) 実践をデータ化する

実践とは子どもたちに適切な影響を与えるために実践者がプロフェッションとして責任をもって「仮説の生成－実践的試行－検討－修正－実践的試行－検討」という循環的な試み（関与）を行い、同時並行的にその場で生起する事象（データ）を収集するものなのです。実験も調査も、データ収集の場のタイプの違いでしかありません。言うまでもありませんが、この二者（実験・調査）は実践に比べて優位に実証的であるわけではないのです（当然にも方法論上の優位性はない！）。目の前の現実という現象は、「観察」や「検査」、「面接」という方法を駆使して、質的に記述してもよいし、定量的に分析してもよいのです。下山晴彦氏の一連の研究（下山, 1996b, 1997, 2000）はこのことを明確にしてくれました。そしてこの議論は、ショーン（Schön, 1983）の「実践の認識論」にもつながってくるものです。

では翻ってわれわれ実践者は実践現場で何をどのように見つめ、何をどのように課題化し、そして何をどのように聴き問いかけてきたのでしょうか。さらにそれをどのようなフォームで記述して、分析してきたのでしょうか。

残念なことに学校教育相談実践ではこうした問題意識すらなかったのが現状だったと私には思えます。このため、教師が学校現場から何らかの形でアカデミズムの世界に関わったときには、旧来の実験や調査といった方法でしか実践世界を「実証的？」に描きえなかったのでしょう。問題とすべきは実践という地平でのデータ作りにあったのです。

次節の下山氏の立論によって学校教育相談が実証性を有する人間科学（自然科学との対比で）として成立しうる根拠を与えられるように思えます。

(4) 記録されるべき実践の特徴

実践、実践という割には不思議なことに学校教育の場で実践自体を正面から問題にしている論考は極めて少ないと思います。だからこそ、統計的な調査研究や厳密な実験研究に感じなくともよいある種のコンプレックス（科学性や厳密性がない！）を持つのかもしれません。学校教育相談にとって「実践」（実践記録）は「調査」や（可能ならば）「実験」と同じく実証的なデータになりうる根拠が痛切に欲しいのです。

　この点に関して本格的な議論を展開したのは下山晴彦氏です。下山氏の段階的分類法（特に第一段階のデータ収集の場の型）に即して実践の特徴をみておきます（下山, 2000）。

　まず記録されるべき実践を実証的なデータとし、データを収集すべき場面を現実生活との関わり方を基準にすると、次のように「実験」「調査」「実践」にタイプ分けできるとしています（私の解釈で原文を一部改変）。

① 実験

　現実生活の複雑な要因の影響を受けないようにデータ収集の場の条件を統制するのが「実験」である。一方、現実生活のある側面について調べるため、条件を統制するのではなく、その特徴を適切に抽出するようにデータ収集の場を設定するのが「調査」である。「実験」「調査」いずれにおいても研究対象に影響を与える現実生活への介入を極力避けるように場が設定される。

② 実践

　これに対して、対象者の現実生活に適切な影響を与えるため、実践者が現実生活に積極的に関与するようデータ収集の場を設定するのが「実践」である。

　この上でさらに下山氏は、第2段階としてデータ収集の方法を、「行動を見ることでデータを得る」「観察」、「（やらせてみて）課題結果をデータとする」「検査」、さらに「会話を通してデータを得る」「面接」に分類しています。そして第3段階としてデータ処理の方法を、データの種類（質的・定性的／量的・定量的）と処理法（記述的／分析的）のマトリックス（2×2の4通り）で表しています。相互に重なりあう境界領域も含めると、実に多種多様な研究方法がイメージ化できます。私はこれで長年の実験・調査研究への不当な思いこみが払拭できました。

　これらのことを（学校教育相談）実践でまとめてみると、下記の通りになります。

○データ収集の場面としての実践

　対象者の現実生活に適切な影響を与えるため、実践者が現実生活に積極的に関与する

○**実践によるデータ収集の方法**

　「行動をみることでデータを得る」「観察」

　「（やらせてみて）課題結果をデータとする」「検査」

　「会話（はなしてみる）を通してデータを得る」「面接」

○**実践によって収集したデータの種類（分類）**

　質的・定性的

　量的・定量的

○**実践によって収集したデータの処理の方法**

　記述的

　分析的

（5）実践に対する哲学や数学等からのアプローチ

　本節のテーマは、われわれ教師が学校教育相談実践を妥当性を持ってとりまとめようとして実際上採用している方法的な基礎を自覚的に考えてみようとするものです。すでにその一部は検討してきましたが、ここで再度2つの実践的な類型をあげて見ていくことにします。こうした検討抜きでは、いつまでたっても学校教育相談は偶発的に生じた各実践者の経験の流れ（消えゆき、忘れ去られるもの）にしかならないからです。何とかして学校教育相談実践を体系的に読み解くことでその独自のあり方を明確にしたいものです。

① 実践に対する哲学からのアプローチ

　われわれの実践が、そしてその記述から得られる成果がいかなる意味合いで知識といえるのか、その根拠はどこに求められるのか。この問題群につき、臨床心理学に対して哲学者の中村雄二郎氏の「臨床の知」（中村雄二郎, 1992）を援用して1つの方向性を示したのが河合隼雄氏です。学校教育相談は臨床心理学とは異なりますが、しかし同じくヒューマン・サービスの分野に属するものですから、この哲学からの議論は有用な視点を提供してくれます。まず中村氏の立論を、長文になりますが以下私なりに要約的に示します。

　近代の自然科学に代表される「科学の知」が人びとに信頼され、説得力を持った理由は普遍性、論理性、客観性の３つにある。

　近代科学の普遍性を代表する無限空間、絶対空間によって覆い隠されるようになったのは、有機的なまとまりをもった宇宙、他にない固有の場所としてのコスモスである。このコスモスとは、大宇宙（マクロコスモス）だけにかぎらない。それは、生命体が個体的、集合的にそのなかに生きるさまざまな固有の場所を指している。近代科学の普遍性が排除したのは、コスモロジー（固有世界）という原理である。

　近代科学の論理性（論理的な一義性）は、１つの原因に対する１つの結果という単線的な因果関係を説くのにきわめて適している。しかし、無生物も含めて、環境との相互作用がはるかに複雑な生命体や人間的事象は多面的で多義的である。論理性の原理が無視し排除したのは、事物の多義性としてのシンボリズム（象徴表現・事物の多義性）の原理だということになる。論理的記号が記号として一義的であるのに対して、シンボル（象徴）の特徴は多義的なことにあるからである。

　近代科学の客観性は、基本的に、主観と客観、主体と対象の分離・断絶を前提している。そこでは事物の側からのわれわれに対する働きかけ、われわれの側からいえば受動になるような作用は一切無視され、無いものとされている。しかし、事物とわれわれの具体的な関係を成り立たせているのは、働きかけを受けつつおこなう働きかけ、つまり受動的な能動とも言うべきものではなかろうか。そのような在り様を人間の営みとして具体的に示せば、自分の身体を他人の視線にさらしておこなう行動、つまりパフォーマンス（身体性をそなえた行為）ということになるだろう。

　こうした固有世界・事物の多義性・身体性をそなえた行為をあわせて体現したものを「臨床の知」と言えば、「科学の知」は、抽象的な普遍性によって、分析的に因果律に従う現実にかかわり、それを操作的に対象化するが、それに対して、臨床の知は、個々の場合や場所を重視して深層の現実にかかわり、世界や他者がわれわれに示す隠された意味を相

互行為のうちに読み取り、捉える働きをする。

　中村氏の「臨床の知」は、学校教育相談実践の、そしてその記述に哲学的なレベルで方法的な基礎を与えてくれるものです。事実、「臨床の知」は臨床心理学において事例研究（法）を意味づける1つの有力な根拠となりました。しかしながら「臨床の知」だけが学校教育相談の基礎論とは言い切れません（私は哲学的には鷲田清一氏の言う「エッセイ」という方法に魅力を感じています）。

　実際上、学校教育相談研究や臨床心理学研究も「科学の知」としての数学（心理統計学）を無視できませんし、多くの論文も統計的な処理がなされています。もっとはっきり言えば、研究＝統計的なリサーチ（のみ）という風潮すらみられるのです。次にこの点を考えます。

② 実践に対する数学からのアプローチ

　「科学の知」である数学（心理統計学）に学校教育相談の実践研究を乗せていくためには、仮説検証の論理と確率モデルを適用するための手続的根拠という相互に関連する問題・課題が出てきます。以下、南風原朝和氏の立論によって見ていきます（詳しくは大野, 2003b 参照）。

　　論理学的に言えば、「仮説が正しければ、予測通りの結果（データの統計学的な分析結果）が得られる」という命題が真でも、その逆、つまり「予測通りの結果が得られれば、仮説は正しい」という命題は必ずしも真ではない。だから、仮説は正しいということはできない。

　　さらに、「仮説が正しければ、予測通りの結果が得られる」という命題が真であっても、形式論理学上は真とされるその対偶命題「予想通りの結果が得られなければ、仮説は正しくない」は実際上必ずしも真ではない。何故ならば、「仮説が正しければ、予測通りの結果が得られる」という前提自体が、現実にデータ数やデータ処理等に問題があれば、完全には満たされるものではないからである。だから、仮説に反証したわけではない。

　（こうなると、われわれは数学的な方法で何をやっているのでしょうか。こうした方法的な基礎に無自覚な「科学！」研究が多すぎるように思います。）

　一般的に言って、サンプルに合わせて一般化のターゲットとなる母集団を限定したとしても、実際のサンプルがその限定された母集団からランダムに選ばれていないとすれば、確率モデルを適用するための手続的根拠を欠いていることになります。

　ランダムサンプルでない限り、統計的推測の理論や方法は厳密には成り立たないのですが、このことをふまえて、理論から得られる知見を参考にして結論を導くというようにすれば、統計的推測の理論に沿った考え方をまったく用いないやり方に比べ、より妥当な結論を導くことができるでしょう。

　学校教育相談実践が専門的なサービス提供モデルから学校教育全体に対するプログラム実行モデルへと転換しつつある現在、実践に対する数学からのアプローチも重要になります。それでも（否、だからこそ）学校教育相談実践に対する方法的な基礎としては、「理論から得られる知見を参考にして結論を導く」という謙虚な位置づけがよいと思っています。

③ まとめ

図Ⅱ-1

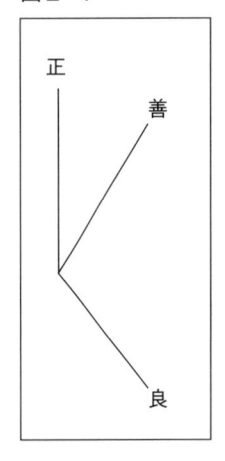

　図Ⅱ-1をご覧ください。ここには三次元空間に、正・誤（真偽）、善・悪、そして良・不良（ここで不良とは、良を否定する意味合いだけで、価値的な意味ではありません）の3つの軸をとってあります。知あるいは科学として学校教育相談を考える限り、正・誤（真偽）、その結果として良・不良（うまくいく、効果的である）というレベルで問題・課題にできても、「善く」生きようとする子どもを（さらに）「善くする」という教育の仕事（村井，1978）に必ずしも結びつきません。学校教育相談実践が本来的に教育活動であるとすれば、ゆくゆくはこの「善さ」を考えることになると思います。

3 何をどう観察するか

　「2　教育相談実践のとらえ方」では実践を記述するための土台（基礎・基盤）について全体的に問題にしました。学校教育相談に適合的な表現で類型化すれば、観察は「見る」、検査は「やらせる」、そして面接は「聴く」になるように思います。

　「見る」とは、外部性の程度に違いはあっても（参加的か単なる観察か）とにかくも実践者の外側で展開する事象（行動が中心）を直接的に「みる」ことです。これに対して、「やらせる」とは実践者が対象とする子ども（たち）に一定の課題・要求・指示等を提示してその反応や結果・成果等を間接的に「みる」ものであり、「聴く」とは対象とする子ども（たち）の内面の様子をそのまま、そのものとして「みる」ことです。

　この3つの「みる」ことにより、実践の三要素である「見立てる（アセスメント）」や「対応」「フォローアップ」も可能になるのですし、またこの実践の各要素もさらに「みる」ことにより修正あるいは確証されることになります。このプロセスこそ、「循環的仮説生成−検証過程」（下山, 1997）を伴う実践そのものと言ってよいのです。今回は「見る」がテーマになります。

(1)観察法による「見る」

　学校教育相談は決して面接室での相談に特化してきたわけではなく、子どもたちの行動を日々観察してきました。そしてその際に心理学等で使われる観察法を援用してきました。私自身、こちらの指導にも乗ってこない、面接をしてもどことなくはぐらかされるといった感じをもつ子どもにギブアップした時、とりあえずあらゆる機会を見つけてその子の行動を何でも書き込んだことがあります（行動描写法）。この大半は私自身の目的には無意味なのですが、私に見せる面と大きく異なるところを発見して、うれしく思いました。

　この他にも、場面と観察項目をあらかじめマトリックス化しておいてマー

クしていく行動目録法、時間の経過ごとに観察項目をチェックしていく時間見本法、観察すべき行動にいくつかの内容と程度をあらかじめ設定して観察する評価尺度法等があります。しかし、これらの大半は学校現場で組織的計画的には使われていないと思います。この理由は単に使い勝手が悪いというよりも、むしろ、これらの観察法が学校や教師の独自なあり方（学校という場で展開する関わりの中での観察）に部分的にしか適合しないためと言ってよいのでしょう。

(2)学校教育相談におけるパフォーマンスの観察

　それでも私の目から見て学校教育相談にとって適合的に「見る」ことを可能にしてくれる視点や方法がいくつか提供されています。その例がパフォーマンスであり、マイクロ・エスノグラフィーです。これらを題材にしながら、学校教育相談における「見る」ことの独自の意味合いを少しでも明確にしていきたいと思います。

　まずパフォーマンスとは、心理学で遂行行動（学習あるいは計画された行動の実行化・動作化）とされるそうですが、ここでは佐藤綾子氏にしたがって「日常生活の中の意識的な自己表現活動のあり方」（私自身は「意識的」と限定しません）とし、ここから佐藤氏が導き出すパフォーマンスの項目は図Ⅱ-2の通りになっています（佐藤綾子, 1995, 1996）。

　この図で言語表現の「言葉の使い方」（われわれは言葉によって示される

図Ⅱ-2

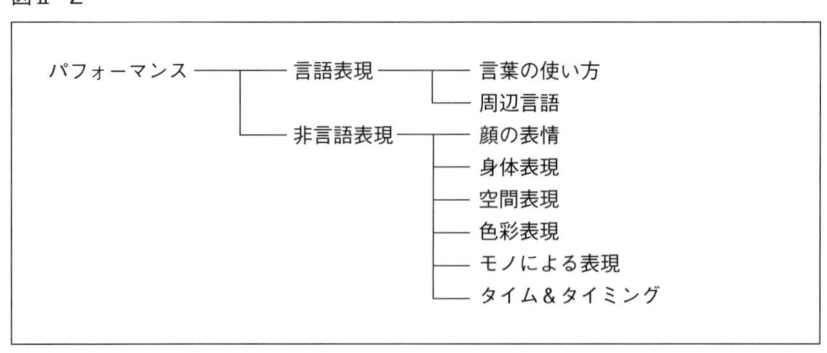

内容中心に考えますので、これは「聴く」での分析対象になります）を除けば、すべて五感（特に視聴覚）によって「見る」（見て取る）ことができます。

この図について私のとらえ方も交えて説明します。

まず周辺言語とは、声の抑揚・音色・速度・制御・強度・高さ・幅等の音としての特性です。アイコンタクトを中心とする顔の表情、姿勢（ポスチャー）や体の動き（ジェスチャー）を中心にした身体表現、対人距離（パーソナル・スペース）を中心にした空間表現、服装などの色彩表現、スーツ・持ち物・装身具等のモノによる表現、そして長さや間を中心にしたタイム＆タイミング（時間の使い方）となります。

教師・保育者による学校教育相談では個人にしろ、集団にしろ面談しながらの観察が中心ですので、この佐藤氏のパフォーマンス分類は非常に有益です。私の場合は、まず空間表現を見ます。

例えば私は机を前にして座っていますが、生徒の椅子はその前に置いていません。傍らに退けておいて生徒が来たときに「そこに椅子があるから持ってきて好きなところに座って」と言っています。

私をはさんで生徒が座る位置と距離は、私と生徒の現在の心理的距離を表現しているように思います。そして、アイコンタクトやポスチャー、ジェスチャーを見ていくと、この子の様子が少しだけ浮かび上がるようなのです。これに「別に」とか、「はい」とかというわれわれの問いかけに対して返す時間やそのタイミングに気をつけると、この子の心がどこにあるのか（ここにあるのかどうかも含めて）見て取れます。服装やピアス等の装身具、化粧、髪の色、髪型、携帯電話の着信などにも私は思いめぐらします。

こうしたパフォーマンス系の表現に対して一部共通するノンバーバル・コミュニケーション等を除くと心理学は十分な基礎研究を積み重ねてこなかったようですが、近年「体の動き（行動）を問題の中心にすえ、それを原因として、意識（主として気分、感情、情動）や生理にどのような影響（結果）がもたらされるかを明らかにする」「姿勢・表情などからの心へのパラダイム」としての身体心理学として本格的な研究があります（例えば、春木, 2002）。今後の研究動向にさらに注意したいと思います。

(3)学校教育相談におけるマイクロ・エスノグラフィー

　佐藤氏のパフォーマンス研究は学校教育相談の「見る」営為に適合的な視点を与えてくれるものであったのですが、しかしこれには一対一（多）での直接的なかかわりという特性が前提としてあったと思います。

　いわば、相手があって自分があるという、相互に独立性を認めた上での観察なのです。これはこれで有益なのですが、しかし子どもはわれわれの前に抜き出されてそれ自身独立的にある姿が自然で、ありのままとは言えません。

　だとすれば、子どもたちを現実にあるさまざまな関係性のまっただ中で観察する方法（取りあえずここではその端緒）を持っていなければ、本来的に「見る」とはとても言えないはずです。これはある種のフィールド・ワークに似たものになると思うのです。

　学校教育相談は本来的に（スクール・）ソーシャル・ワークの側面が強いのに今日まで私の見る限り、きちんとした方法を鍛え上げないままできました。これではクラスや家庭などの役割を正確に論ずることなどできません。私は現在、箕浦康子氏の紹介するフィールドワークに基づく「マイクロ・エスノグラフィー」（箕浦, 1999）という方法が学校教育相談には最適だと考えています。なぜなら、それは「見る」「よく見る」（瞳を凝らして見入ることではなく、頭と心を使って眼前に展開する事象の意味や事象間の関係を読み取ること）「考える」、そして「つながりを見つけ」、発見したことを「書き上げる」という一連の流れを精緻化しているからです。

　以上、ここではパフォーマンスとマイクロ・エスノグラフィーについて簡単にふれました。学校教育相談にとって「見る」こと（観察）は、単に客観性が担保されるのでは足りずに、一対一（多）での関わりの中で表現されるパフォーマンスに留意するとともに、さらにクラスや家庭といった場での全体的な関わりの中で構造的に「見る」必要があると思っています。

4 何をどうやらせてみるか

　学校教育相談実践を読み解くためには、各実践者が実践そのものを可能な限り正確かつ全体的に分析・記述していることが不可欠です。前述したように実践そのものや実践に関するデータ収集を目的として「何をどう見てみるか」に加えて、「何をどうやらせてみるか」、そして「何をどう聴いてみるか」かが大事になってきます。

　見て「みる」・やらせて「みる」・聴いて「みる」という接尾語「みる」は、①さまざまな方法で全体状況を把握する意味（全体を「みる」）、②相談担当者からのアプローチ（試みて「みる」・して「みる」等と同義）、さらに③相談担当者からのアプローチにどのように反応するかを「みる」（特に「やらせてみる」「聴いてみる」に顕著）という含みを持たした言葉です。

(1)検査からアセスメントへ

　私は決して「心理検査」を否定するものではありません。私自身、大学・研究所や民間主催の研修会等で何十時間かの実習を受けて、教師としてどうやら責任もって使えるものとしては、古くは CDPA（臨床的性格適応診断）がありますし、Y-G検査（矢田部・ギルフォード性格検査）や EPPS 性格検査（価値観検査）、ロールシャッハ・テスト等があります。ただ教育現場からみてあまりにも部分的なのです。アセスメントをもっと広義にとらえる必要があります。当然に観察や面接を含み込んで再定義することになります。

　この点では学校心理学における心理教育的アセスメントが包括的で、学校教育相談に適合的です。石隈利紀氏の定義（石隈, 1999）によれば、「心理教育的アセスメントは、援助の対象となる子どもが課題に取り組むうえで出会う問題や危機の状況についての情報の収集と分析を通して、心理教育的サービスの方針や計画を立てる資料を提供するプロセスである。心理教育的アセスメントは、一人ひとりの子どもに応じた心理教育的サービスの専門性の基盤となる」としています。

　石隈氏は、さらに賢いアセスメントを①援助のためのアセスメント、②信頼関係を基盤にし、それを深めるもの、③臨床的な情報と数理統計的な情報の統合、④子ども自身についての情報を生態学的背景（学級・学校、家庭・地域、文化的背景など）から解釈すること、⑤アセスメントの計画や得られた情報を、子どもや青年の発達、学習や行動などについての心理学や学校教育（通級制度、チームティーチングなど）の分野における理論や研究成果によって解釈を行うことの5つにまとめています。その上で心理教育的アセスメントの方法を「子どもの行動観察」「子どもの作品を通しての観察」「子どもの記録書類の検討」「子どもとの面接と遊技」「子どもへの心理検査や手作りの検査」「子どもの保護者や教師との面接」の6つに分けて総合的にまとめています。単純に心理検査のみに重点化したアセスメントは危険です。

(2)学校心理学から学校教育相談へ─「やらせてみる」

　私は学校心理学から数え切れないほど多くのことを学んできました。その上で石隈氏が学校教育相談との違いを意識したように、教師（教諭・養護教諭）が中心になって行う広義の教育活動である学校教育相談実践と学校心理学との違いを意識せざるを得ません。社会機関としての学校の使命（ミッション）は石隈氏も指摘するように児童生徒をよりよくするところにあり（単にその時その時を気持ちよく適応させることではない）、そのために大枠であっても法的かつ組織的計画的に作られたカリキュラムやプログラム、システム等を持っています。もちろんその個々具体的な実施・適用にあたってさまざまな配慮や注意、創意等は必要であるにしても、学校での大半の実践（学習・学業、針路・進路、生活面での児童生徒に対する指導援助）はこうしたラインでのものです。

　私はこれこそ、近藤邦夫氏が学校臨床心理学で問題・課題化したもの、つまり臨床心理学の知見を加えるにしても、その中核は「学校での優れた実践の構造と意義を学校と教師の論理に従って忠実に記述し、（心理臨床家とは異なる）学校や教師独自の働きかけの原理を浮き彫りにすること」（近藤邦夫, 1995）につながっていくものだと思っています。

(3)記述のフォームについて

　学校教育相談ではたくさんのことを児童生徒に「やらせてみ」てきました
が、何をやらせたのか、そしてやらせてみた結果等についてきちんとして分
析・記述してこなかった、あるいはきちんと事前に計画記述した上で実践し
てこなかったのではないかという反省があります。この点については、学校
心理学の立場から石隈氏が「援助チームの会議の記録」（図Ⅱ-3）という

図Ⅱ-3　援助チームの会議の記録

対象の生徒：名前　　　　　　　　学校・学年・年齢					
日時　　　　　　　　会議の出席者　　　　　　　次回の会議の日時					
領　域	心理・教育アセスメント			指導・援助案		
	生徒自身 の 自助資源	援助が 必要な ところ	今まで 試みた 指導・援助 の方法	これからの 指導・ 援助案 （何を）	責任者 （誰か）	いつから いつまで
〈生徒〉 登校状況 　学習 　心理 〈人間関係〉 　教師 　友人 　家族 　進路 〈環境〉 　学校 　家庭 　地域						

（石隈, 1992, 1996）

フォームで整理しています（石隈〈1992〉については大野〈1997a〉参照）。石隈氏は、学校教育の全領域を対象に児童生徒理解（心理教育的アセスメント）と児童生徒指導（指導援助案）を結びつけ、しかも自助資源を含む援助資源を査定した上で何を誰が何時から何時まで指導援助するか明確に記述するフォームを提出しています。現在のところ、このフォームが「やらせてみる（みた）」ことを整理・記述・分析準備のために最適です。

5　何をどう聴いてみるか

　対象性や客観性・外部性という基準で見れば、「3　何をどう観察するか」では学校教育相談担当者の外部で展開する子どもたち（児童生徒）の事態を、一方向的に客観化して見つめるものでした。たとえ参加的（参与的）であったとしても程度の違いでしかないと私には思われます。また「4　何をどうやらせてみるか」では学校教育相談担当者からのアプローチに子どもたちがどのように関わり（応答）を持つものかをみるものでした。これらはいずれにしても子どもたちを対象化して理解し、とらえようとするところでは変わらないものです。

　子どもたちをみていく場合にもう1つの重要な視点があります。それは子どもたちの内面で展開している事象を、子どもたちの表現それ自体（主として言語および周辺言語）に即して理解・把握しようとすることです。

　考えてみれば、これはかなり難しいことです。子どもたちは自己意識だけの真空地帯で生活しているわけではなく、さまざまな物理的・対人的な世界にいますので、その影響を強く受けています。このことを当然に認めた上でそれでも各自がこうした世界をどのように感じ、考え、対処しようとするか（それぞれに独自の現象学的な世界、心理学的には知覚の世界）が彼ないし彼女の理解に決定的に重要です。われわれ学校教育相談担当者は子どもたちのこうした世界をどのように聴きうるかが大きな課題になると思います。

　ここでは私の恩師である小林純一先生の人間学的・実存的アプローチ（カ

ウンセリング〈小林, 1979〉）に即して、この課題への全体的かつ一般的な方向性を打ち出してみたいと思います。

（1）語られ出すことがらについて

　子どもたちとの面接では、実に多くのことが語られます。一回の面接を時間的にみるとともに複数回の面接を時系列的にみて（後述の同時的アプローチ）、マクロにそのストーリー（物語）を読み解くために、個々の発言内容をきちんと一定の方針で分析する基準はないのでしょうか。学校教育相談がカウンセリングにも軸足を置くものであるとすれば、「今、ここで」と「その他の時制」の時制に区分けした上で、以下の小林氏の分析基準は重要なものになります（小林, 1979）。

　　　カウンセラーは、クライエントが自己の実存に気づくのを援助する立場にあるが、それは二人の出会いによる。それぞれの意識には自己が関与する三次元の世界があり、その関与の深さに違いがある。三次元の世界とは、自己自身の世界、他者すなわち相手の世界、および、その他（自己と他者以外）の世界である。これらは、それぞれ、個人的精神的世界<ruby>アイゲンヴェルト</ruby>、共同の世界または社会的世界<ruby>ミットヴェルト</ruby>、および周囲の世界または環境<ruby>ウンヴェルト</ruby>である。また関与の深さについては、これを表面的・知的水準から体験的・内面的水準に至る連続線上に見ることができる。したがって、カウンセラーもクライエントも三次元的世界のいずれか、ある深さの水準で関与しながら発言し、お互いに自己と他者を知覚<ruby>パーセプション</ruby>するプロセスを生きているのである。

同時的アプローチ

　多くの学校カウンセリング研修では段階論がベースになっていますが（例えば、関係作り→探索と理解→方針決定→実施→終結とフォローアップ）、実践的ではないと思われます。

　図Ⅱ-4 は、Waehler & Lenox（1994）をアレンジしたもの（大野, 1997a）で、石隈（1999）でも紹介されている同時的（共時的）な面接プロセスのモ

デルです。関係づくりがいつも重要で、いきなり介入（関与）はせず、まず
アセスメント（そして終結前の注意！）、それに即した目標設定（修正・追加）、
さらに当初から終局決定を意識する、といった共時的な同時的な配慮のもと
で学校カウンセリングが進行していくのです。なお、重要性の相対的程度や
時間の軸の長さは、カウンセリング・プロセスの状況、流れ、相互作用によっ
て変わります。

　こうしたモデルに基づきながら、ロールプレイング等により学校カウンセ

図Ⅱ-4　同時的（共時的）な面接プロセス・モデル

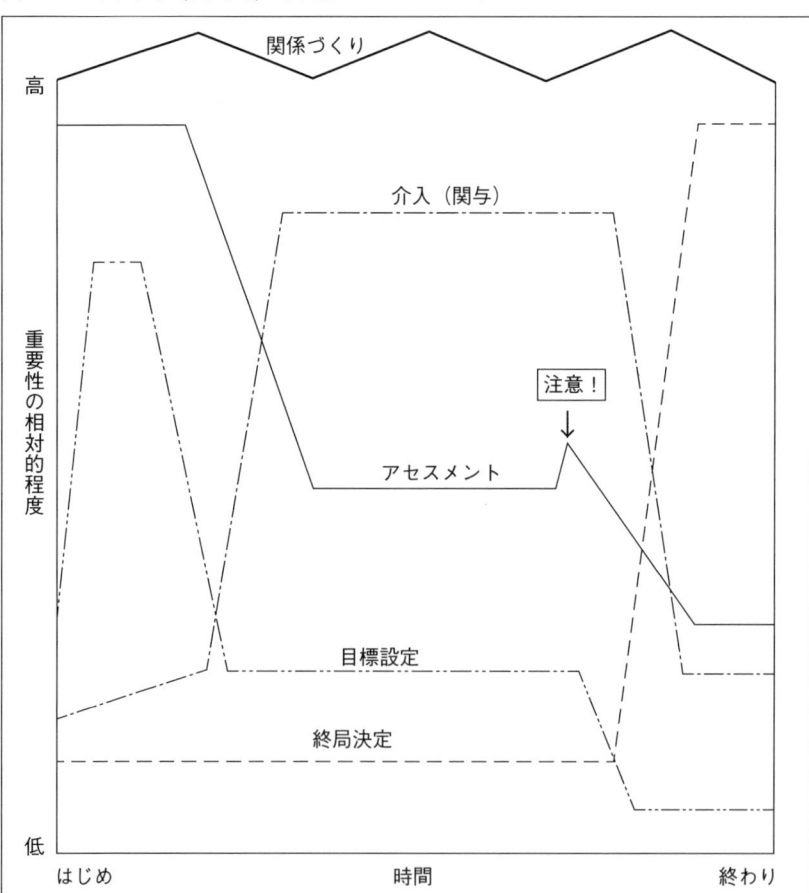

リングのプロセス構成を訓練・体得させることも考えられます。

(2)先生、私、学校に行きたくないんです

　小林氏の分析基準は厳密な表現で記されているので、その理解を深めるために具体的な言葉で考えていくことにします。ただし、この言葉は時間的あるいは関係する一連の流れの中で語られたものでしょうが、今は便宜的にこの言葉だけを取り出してみていきます。また、この言葉の上に乗っている感情（この把握には、すでに取り上げたパフォーマンスの内容に、声の抑揚や音色、速度、制御、強度、高さ、幅等の周辺言語の分析が付け加わります）について今回はふれません。

　まず第1に、時制の問題があります。これは、この子どもが今この場でこの私と話をしているこの時のことかどうかということです。こうした思いが今こころの中で漂っているのか、それも継続的（いつも）か、断続的（時々）か、浮遊的（水泡のようにぽかっと出てくるか）のか。あるいは昨夜いろいろ考えて思ったことなのか。または将来に向けて決心したことなのか。ここがはっきりしなければ、学校教育相談担当者として応えようがないのです。ちなみにこの場合に実際に言うか言わないかはその時の判断によりますが、「今は（残念ながら）学校に行きたくないんだ」あるいは「学校に行きたくなくなることもあるんだ」「学校に行かないと（追いつめられて）決めてしまったんだ」という3つの違った応答が思いつきます。

　第2に、「学校に行きたくない」という表現は嫌いな教科や給食、高温多湿な教室等を意味するのでしょうか（周囲の世界<ruby>ウンヴェルト</ruby>）。あるいは大事な友人や部活仲間、いじめっ子等の関わり（共同の世界<ruby>ミットヴェルト</ruby>）でしょうか。そうでなければ、自分自身の中にある無意味さや不安、焦燥感等（個人的精神的世界<ruby>アイゲンヴェルト</ruby>）でしょうか。学校教育相談担当者は、子どもとの面接からこの3つの世界を可能な限り区分けし、中核―周辺に構造的な位置づけをする必要があると思います。こうしてはじめて「その子ども自身をわかること」と「その子ども自身についてわかること」の違いに敏感になることができます。

　第3に、「学校に行きたくない」というのは、そういう考えもあると言っているのか、あるいは表面的な感情・気持ちを言っているのか、またはせっ

ぱ詰まった内面的な思い・叫びなのか。これらは表現された内容の「深さ」を問題にするものです。学校教育相談担当者がこの深さの感覚に欠けるとき、事態は深刻になります。自殺や家出、中退等の緊急性がつかめないだけでなく、その子どもがチラッと瞬間的に思いついた「進路（希望や夢も含む）」に向けてミスリードして、挙げ句の果てに「自己責任」を問うことにもなりかねません。言ったのは事実でしょうが、子どもたち自身の真実をとらえ損なっているのです。例えば、ここに「自分探し」の思わぬ危険性があると思います。これもやってみたい、あれも考えたい、という渦巻き（事実）に聞き手が巻き込まれるのではなく、それを通してその底で何を表現しているのか（真実）を的確につかみ取る（つかみ取らせる）必要があると思います。

　われわれ学校教育相談担当者が子どもたちとの面接からまず聴いてみることは、子どもたち自身が語っているその時制であり、そして子どもたち自身が生きている世界であり、そしてその世界に対する子どもたち自身の関与の深さです。そしてここから子どもたちを真実に即してわかろうとすることが大切です。

　なお、実践的にはこうした場合、危機介入 crisis intervention という初期対応が考えられます。うまい「その場しのぎ」や「時間かせぎ」は大事です。まずは情緒的な安定を取り戻して、次に本格的な支援に入ります（大野, 2001）。

(3) もう一つの大きな問題について

　人間学的実存的アプローチでは現象学の「志向性」をカウンセリングに取り入れていますので、目的・意味・価値・責任を重視します。このことを小林氏は次のように言います（小林, 1979）。

　　個人が何かの行為をすれば、彼の意識には何らかの目的があり、その目的は意味づけがあるがゆえに目的になり得るのである。そして、この意味づけは、とりもなおさず、彼の価値づけでもある。この価値づけは、彼にとって最高の価値をもつという意味ではない。何らかの価値づけを行うとともに、何らかの意味づけを行い、選択と決断とをもって行為す

　るのである。

　だから当然その責任は彼にあるのです。

　これも小林氏の厳密な言い方ですので、「先生、私、学校に行きたくないんです」という例で考えれば、彼女ないし彼はこのようにこの私に言って、「今、ここで、何をしているのか、何をしようとしているのか、何をするつもりなのか」を問わない限り、彼女ないし彼をわかったことにはならないということです。しかも、こうしたいという意図に即した的確な行為を考えきれず、さらにその自分が思った行為すら実現できずに、それとは違った行為をしてしまっている場合すらありうるのです。だから、彼ないし彼女の本来の意図（選択した意味・価値・目的）、つまりこう言って本来は何をするつもりなのか（何をしたいのか）を正面から取り上げるのです。

　ここでは「何をどう聴いてみるか」に関して、現象学を基礎にした人間学的実存的アプローチ（ありのままを全体的に理解する）からみてきましたが、教育や介入、治療のために方向性をもって聴いてみることもありえます。後の「6　面接へのいくつかの視点」ではこうした聴き方等をテーマに述べていきます。

（4）補論　秘密保持について

　子どもたちや保護者の方々が安心して自由に話ができるためには信頼関係がなければなりません。この土台は日々刻々の関係づくりによりますが、少なくともここで話されることが自分の知らないところでオープンにはならないとの確信が必要です。またこの確信の根拠には教師や保育者の専門職としての倫理規範があります。一人の教師や保育者がこれを犯せば、すべての教師や保育者が信頼されなくなるからです。

　英語で「信頼」を confidence といいますが、confidencial は「信頼できる」、これを名詞形にすれば、confidenciality、「信頼しうること」となります。そしてこの英語は「秘密保持」の英語でもあります。信頼できる人に話した、伝えた、だから秘密を守ってくれるということです。

　医師や弁護士、公認心理師等は刑事罰を担保にして守秘（あるいは秘守）

義務を徹底しています。ただし、スクールカウンセラーや教師、保育者は連携協働して職務遂行をするところから、秘密保持を絶対的とはせず、どのような条件では秘密解除ができるのか、あるいは秘密保持を解除しなければ一定の責任を問われるかと考える必要があると思います。自傷他害や虐待、HIV 感染等については一般に秘密解除して適切な対応をすることが求められています。

　さらに連携と秘密保持の関係はなかなか困難な問題を含んでいます。連携最重視の姿勢は時として、安易な秘密解除につながり、学校としての相談業務全体への阻害要因にもなります。一方で、徹底した秘密保持の実践は時に担当者の孤立化に結びつきます。このバランスを取りながら進む以外にないので、具体的なケースごとに現実的な妥当性ある解決を模索するしかありません。

6 面接へのいくつかの視点

　ここまでは、小林純一氏の人間学的実存的アプローチに即して、今、ここに、このわれわれの目の前にいる人に対して「何をどう聴いてみるか」を中心的な課題にしました。この人の内面を流れる気持ち（考えと感情と意志）を、人格的相互交流（inter-view）の中で的確にとらえるからこそ、面接の名にふさわしいものだと思いますし、さらに実践の現象学的な把握に直結するものでもあります。

　これが学校教育相談や広く教育を含めたヒューマン・サービスの分野での実践家にとって土台・基本となることは間違いありません。ただ、そうだとしても私にはずっと気になるテーマ（論題）があり、長年の間、未解決のままになっています。これらの課題は、研究や実践の領域においても面接を重視する 3 人の方々、精神科医の土居健郎・神田橋條治氏と臨床心理学の実践的な研究者である下山晴彦氏の問題提起に直接関係しています。

　それらは私自身の問題関心に即して言えば、方法としての面接（土居,

1992)、面接における逆転移のデータ性（下山, 1997）そして診断面接の重要性（神田橋, 1990, 1994）というものです。

　この課題に一定の見通しや方向づけができれば、もっと面接について広く深い基礎づけがなされるのではないかとも思えるのです。ここではこれらの問題・課題・論題に焦点を当てながら、教育や介入（治療）のために「何をどう聴いてみるか」を、補論的に考えてみたいと思います。

（1）方法としての面接

　私は 1991 年に比較的長い書評で『方法としての面接』（土居, 1977）を取り上げたことがあります。土居氏の本の目的は「面接のための方法を講ずるものに非ずして、まさに面接が方法であることを論ぜんとするものである」とされていました。さらに改訂版（土居, 1992）の追記「主観を通して客観へ」では、「本書に敢えて『方法としての面接』という題をつけたのは、面接において相手を理解するために働く共感は主観を通して客観を把握するという意味で独特な方法であることを指摘したかったからである」としています。

　精神科医としての土居氏が「治療を正しく行うためにはケースをどう理解するかという、広い意味での診断的考察がどうしても必要であ」り、「互いに相手を観るという面接（interview）」が不可欠なのです。だからこの本は「臨床精神医学についての私の方法論であ」り、「精神科臨床のための私の心得を記した本」になるわけです。

　土居氏自身の立論は明確でした。「精神科的面接の目的が相手の話を総合判断してストーリを読むことであるとした場合」「そのストーリの内容はストーリの主人公である本人が自分の話を聞いてほしいと思っているか否かに左右される」ため、「わかってほしいという願望の有無とその程度を確かめること」また「被面接者の面接者の与える印象の違いを正確に記述すること」で、「神経症圏・分裂病圏・パラノイア圏・躁鬱病圏・精神病質圏・器質的精神障害」の分類根拠にしたのです。

　われわれ学校教育相談担当者は、土居氏のように面接そのものを方法論的に鍛え上げないで、いつも効果的な面接方法のレベルで考え、実践してきました。その時々の流行に左右翻弄され、その結果いつも残るものは徒労感と

虚しさだけだったのではないでしょうか。われわれにとって大切な日々の子どもたちとの出会い（出合い）そのものからもっと学ぶべきだと思うのです。

(2)面接における逆転移のデータ性について

　この点について、例えば下山氏はスチューデント・アパシーを例にして鮮明な問題提起をしているように思えます。下山氏は次のように言います（下山, 1997）。

　　スチューデント・アパシーの場合、対象者の言語表現が少ないので、面接法のみに頼らないことが重要となる。対象者の行動の観察に加えて、対象者の周囲に居て行動を観察できる関係者との面接を通して当事者の行動に関する多面的なデータを収集しておくことが必要となる。特に、対象者とかかわる周囲の者（研究者＝臨床心理士を含む）が対象者の回避行動に困惑し、悩まされているとの情報が認められたならば、それは対象者の回避行動における否認や分裂の存在を裏付ける重要なデータとなる。なお、研究者が周囲の関係者から得た対象者に関する情報は、研究者が事例の状況に介入して収集した情報という点で状況性を強く帯びたデータである。

　だから下山氏は「事例要約の枠組み」に「Ⅱ　臨床過程初期の印象」のみならず、「Ⅵ　援助者（研究者）側に生じてきた感情」を入れ込み、「援助者側に生じてきた感情は、援助関係における援助者の逆転移感情である」と説明しています。実際、下山氏はこう記しています。

　　現実で自己主張できる強さがなく、困惑しつつ回避を繰り返すので、援助者としては〈困った者だ。もう少し強くなればいいのに〉と呆れながらも、共感的でいられた。

　　持続力がなく、容易に現実逃避するので、〈だらしない。何をそんなに怯えているのか〉と言いたくなるが、ある種の人なつこさがあり、憎

めない。

　　非常に防衛が強く、援助者としては〈面接関係を維持するのは無理だろう。何か変化の可能性はあるのだろうか〉と無力感を感じていた。

　下山氏はこうした援助者の逆転移感情データも含み込みながら、新しく「アパシー性人格障害」を提案したのですが、われわれ学校教育相談担当者は、面接で受ける自分自身の感情（主観）を意識的に相手理解のデータとしてきたでしょうか。私などは、目の前にいる相手の理解を妨げる夾雑物と見なしていました。もっと自分自身を研ぎ澄まし、活用すべきなのだと思います。

(3) 診断面接の重要性について

　神田橋氏は、「誤ったデータに基づき、正しい考察がなされるなら、必ず誤った判断に到達します」と述べて、「診断の技術」の必要性を強調します。私には耳の痛いことですが、さらに「診断などはせずに、ひたすら関係づくりとサポートだけをしているのだと主張する精神科医は、もし真にその通りなら、単に、ひたすら好き勝手に暴れまわっているだけにすぎない」と手厳しいのです（神田橋, 1990, 1994）。

　精神科医と学校教育相談担当者とはもちろん違うのですが、しかし問題の根底は同一です。われわれが例えば不登校と「診断」（このレベルではわれわれにも可能です）することに本当に意味はないのでしょうか。

　神田橋氏は、診断を３つの機能に分けて説明しています。第１は「医師が経過を見通して、処置法を決定する指針」、第２は「専門家の間の共通言語。DSM−Ⅲはその典型例」[*1]、そして第３は「患者に病状を説明するための道具。治療行為でもある」です。

　その留意点も同じく次の３つにまとめられています。「診断分類は道具なので、診断名で示されているものを、実在と考えてはならない」「診断のもつ三つの機能を等分に考えながら診断していくと臨床の力がつく」「勇気を

---

*1　現在は DSM−5 が最新版（American Psychiatric Association, 2013）。

もって「診断保留」をするようにしよう。その利益は計り知れない。」

　神田橋氏の問題提起から学ぶことは多々ありますが（例えば、「患者の身にならないでおこなう共感法」と「患者の身になる技法」であるシャーマン的な離魂融合や、面接の持つ「陳述、モノサシ、サポートという三つの側面」、ここでの「言葉の内容というよりも、声の大小、調子、感情のこもり具合といった、身体活動〈鳴き声と言えます〉に類した」非言語レベルへの注目など）、われわれ学校教育相談担当者としては、自分自身の見通しを立てて援助方針を決め、さらに学校内外でのケース検討をふまえながら、子どもや保護者の方にきちんと説明するためには、最良の意味でのこうした（教育的な）「診断」も当然必要だと思います。

7　終わりに

　第Ⅰ部では「教師（保育者）の行う教育相談の考え方」について、第Ⅱ部では「教師（保育者）の行う教育相談の進め方」について、学校教育相談 School Counseling Services by Teachers in Japan の実践にとって必要な論点や観点を踏まえ、その全体像をできる限り明確にしながら構造的にまとめてみました。全国各地で日々行われる個々の実践はこうした枠組みから評価され、さらに今後の実践の方向性が導き出されると思います。ただしここにはいくつかの限界があり、このことについてはすでに指摘してきました。

　これに続く第Ⅲ部「教師（保育者）の行う教育相談の具体的な展開」では、教育相談の原点でもある保育・幼児教育現場での実践に加えて、それに接続する小学校や中学校の実践を入れ込みました。教育相談実践の具体的な展開を通して、中学・高校を中心として一般化された「教師（保育者）の行う教育相談（考え方や進め方）」を広く大学の学生相談以外の、教師（保育者）の行う教育相談にも適用できるものとして確認していただきたいと思います。この点については再度「本書の使い方」をお読みいただければ幸いです。

第Ⅲ部

教師（保育者）の行う
教育相談の具体的展開

　保育・幼児教育実践は教育相談（カウンセリング）の原点と言ってもよいのですが、園における教育相談（カウンセリング）の考え方や進め方については、これまであまり取り上げられてこなかったのが現状です。

　第Ⅲ部では、順調な発達支援のための課題、登園しぶりやかみつき、仲間関係のいざこざや保護者との協力連携等、園でよくみられる課題や問題について、小学校・中学校・高校の現場で実践が積み上げられてきた学校教育相談の全体像をベースとして、その理解のための視点や具体的支援の方法等について少しでもまとめることを試みました。

　さらに、子どもの発達の連続性を見通して教育相談（カウンセリング）の営みをとらえることができるように、小学校・中学校における教育相談（カウンセリング）の実践例から、たとえば、小1プロブレムや不登校等の問題や幼保小連携等の課題についても紙幅の許す限りふれるようにしました。

1 園における教育相談の考え方

はじめに

　近年の子どもたちにみられる心や身体・行動の変化が取り上げられるようになって久しく、幼稚園や保育所等の現場からは、保育者の戸惑いや対応に苦慮している報告が多く聞かれます。こうした現状において、保護者へのかかわりも含めて、園での教育相談の役割はいっそう重要になってきています。

　園で行われる「教育相談」も、小学校や中学校・高校で行われている教育相談と同様に、問題を抱えた子どもだけでなく、すべての子どもを対象にした子どもの健やかな発達・育ちを支えるためのものです。教育相談の全体像（定義）については、第Ⅰ部「教師（保育者）の行う教育相談の考え方」のp.28〜30に詳述されていますが、それに沿って園における教育相談を次のように整理できます。

　　①子どもにとって生活の場であり、さまざまな学びの場である園における
　　　保育者（幼稚園教諭や保育士等）を中心とした援助・指導である。
　　②援助・指導は、園生活の中で身近な人や自然等の環境を通して子ども自
　　　身が主体的に活動し学んでいくことを支えるが、子どもの保護者も支え
　　　る対象となる。
　　③問題となっている事象だけでなく、保育者がチームとして組織的に取り
　　　組む必要のある課題をも含む。

　通常、幼稚園には学齢期以降の学校にある相談室（教育相談室）といった部屋は置かれていません。教育相談ということを標榜していない現場が多いようです。園での教育相談の特徴は、子どもとの何気ないかかわりや、保護者との送迎時の立ち話が中心であることと言えます。

　小学校・中学校・高校において一般的に行われている、児童・生徒を呼び出して話を聞くといった面談（いわゆる呼び出し面談）が、幼稚園で子どもを対象にして行われることはまれです。保護者との面談も、園内のどこかの部屋で改まっての面談というより、登園時や降園時のちょっとした立ち話や、

行事に参加された保護者にさりげなく話しかけるといった形をとることがほとんどのようです。往々にして、何か子どもの相談をしていることを他の保護者に知られることをいやがられる傾向が保護者の中にみられるためです。子どもも交えた三者面談のスタイルもほとんど行われないことも幼稚園における教育相談の特殊構造（非構成的で短時間の教育相談）と言えるかもしれません。

　園での教育相談は、子どもや保護者との日常的なかかわりの中で、特段それと意識されないでなされていると言えます。日々の園での活動の中で、一人ひとりの子どもの様子をよく観察し[1]、たとえば、問題行動のみられる子どもについてその小さな変化に気づいて保護者に伝えていくこと、特にほんの些細な変化であっても保護者に安心を贈れるような変化を見逃さずに伝えていくことが、保護者との信頼関係を築き、ひいてはその子どもが落ち着き、問題が改善されることにつながっていく例が多いようです。もちろん、年間行事予定に組み込まれた保護者会が開催された後に、子どもの様子について話し合いたい保護者の方に少し残って頂いて行われる面談や、個別面談を希望する保護者との面談、来園をお願いする面談もありますが、やはり送迎時等の接触の機会をとらえて、園や家庭での子どもの様子について話しをする頻度の方が高いことが園における教育相談の大きな特徴の一つです。

　子どもとのかかわりについては、会話を主とした面談が難しい園児の年齢では、言葉だけではない子どもの表現をいろいろな視点から推察・理解していくことが中心となります。

　たとえば、入園当初、登園を渋る子どもは少なくないでしょうが、行きたくないと泣いて主張する子どもは、その理由は多様であるとしても、ともかく登園したくない気持ちを表現している点はわかりやすいのです。たとえば、保護者と離れるのがさびしくて登園をいやがっているのか、ただ慣れない園の環境になんとなくおびえてしまうのか、先生や友だちになじめないのか、理由はすぐにはわからないことがあっても、その子どもが登園をいやがって

---

[1]　参加的な観察による総合的アセスメントにより理解して「見守る」（第Ⅰ部の p.29 参照）。

いることを見て取ることは難しくありません。理由を保護者と一緒に考える
うちに、保護者も知らなかった我が子の一面を発見することもあるようです。
しかし、問題なく登園しているように見える子どもの中にも、実は行き渋り
の気持ちが隠れている場合もあります。そうした子どもの様子もよく観察し
て理解すること（幼児理解）が、子どもの発達を支える基盤となり、園にお
ける教育相談の非常に大切な実践と言えます。こうした実践から、たとえば、
多くの子どもに生来備わっているはずの健やかな育ちを求める機能が十分に
育まれず、心身両面において発達の基礎的な部分に脆弱性を抱えている近年
の子どもたちの傾向が見出されています（長谷部他, 2015）。

2 幼児理解のために

　相談支援の際、どのように子どもの姿をとらえるのか、その子どもの置か
れている状況をどのようにとらえるか、問題を的確にとらえる（見立てる）
ためには心理教育的アセスメントを行うことが必要です。また、その重要な
視点として子どもの心身の発達、とりわけ心理発達の諸側面に対する理解が
不可欠です。

(1)心理教育的アセスメント

　支援が必要と思われる子どもについて総合的に、また多面的に把握・判断
して見立てることをアセスメントと言います。子どもの問題状況によっては、
医師や心理判定員、家庭裁判所調査官らによるアセスメント（査定）もあり
ます。対象となる子どもの問題点や病理的な側面だけでなく健全・積極的な
側面（自助資源）も含めて把握するため、診断ではなくアセスメントという
用語が用いられます。ここでは教師・保育者の行う教育相談（カウンセリン
グ）における心理教育的アセスメント（その定義は、第Ⅱ部「教師（保育
者）の行う教育相談の進め方」のp.63参照）について取り上げます。

　ここで重要なことは、実際の対応に先立って行われる子どもとその子ども

の置かれている状況の理解ということです。

① 心理教育的アセスメントの対象

　支援が必要と考えられる子どものアセスメントといっても、当該の子どもを対象とするだけでなく、保護者や園の状況などその子どもを取り囲む全体状況までも含めて心理教育的アセスメントの対象として情報を集めて行うことが求められます。

② 心理教育的アセスメントの方法

　子どものアセスメントを行うための方法としては、観察法、面接法、検査法の３つの方法があります。教師・保育者の行う教育相談カウンセリングにおいては、主として観察や面接によりアセスメントを行います。

〈1〉観察法には、自然観察法と実験観察法がありますが、園で通常行われているのは子どもが自然に過ごしている状態を日常観察する自然観察法です。子どもの遊びや活動の様子や他者とのかかわり方、環境への適応の状況等から情報を収集します。言葉の発達がまだ十分ではない乳幼児から情報を収集するのに適した方法と言えます。（第Ⅱ部の p.59 以下「3 何をどう観察するか」参照）

〈2〉面接法では、保護者（子ども）との会話を通して子どもの情報を収集します。非構造化面接・半構造化面接・構造化面接の３種類がありますが、園での教育相談で用いられることが多いのは、質問項目を事前に準備するのではなく面接を受ける対象が自由に話す非構造化面接です。主な問題や経過についての話の内容や質問等に対する理解だけでなく、表情や声のトーン、全体の印象など行動面からの情報もアセスメントの大切な要素となります。また、面接が継続して行われる場合には、保育者との関係性ができたところでの子ども（保護者）の態度や話題の変化（の有無）などからもアセスメントが行われます。（第Ⅱ部の p.66 以下「5 何をどう聴いてみるか」参照）

〈3〉検査法は、心理検査として、個別式知能検査であるウェクスラー式知能検査やビネー式知能検査等、発達検査（津守式、遠城寺式、K 式等）等がよく用いられます。ウェクスラー式知能検査には、受検者の年齢に応じて[1]、た

---

*1　成人用（WAIS）は、適用年齢 16 歳〜89 歳、実施時間はおおむね 90 分以内。

とえば、適用年齢3歳10か月～7歳1か月の幼児用（WPPSI）や、5歳0か月～16歳11か月の児童用（WISC）があります。実施時間は、WPPSIは60分以内、WISCは60分～90分です。どの検査を扱うかは、専門家（医師、臨床心理士など）の判断により、それぞれアセスメントの有効な方法の1つですが、通常これらの検査を教師・保育者が行うことはありません。外部の専門機関との連携が求められるような場合に、それぞれの専門機関において必要に応じた検査が行われ、心理的な問題や発達の遅れ等について検討されます。教育相談（カウンセリング）を行う教師・保育者は、標準化されたそれらの検査により探られた結果について、それをもって子どもに何か特定の障害名をつけたり、発達の遅れと決めつけレッテルを貼ってしまうのではなく、問題の改善に向けて多面的に子どもの姿をとらえるための1つの資料として専門家とのコンサルテーションを行う等、慎重に検討することが大切です。（第Ⅱ部 p.63以下「4 何をどうやらせてみるか」参照）

　また、当該の子どもをめぐる状況把握のために、クラスの子どもの保護者たちを対象として、同時にあまり時間をかけずに実施することが可能な検査法として質問紙法があります。正確な情報を得るためには、対象者が質問文を正しく理解できるように留意して質問項目を作成すること、たとえば、わかりやすい言葉遣いや語句にルビを付す等の配慮も、思いのほか大切です。

(2)心理発達の視点—情緒的発達や社会性の発達

　子どもを理解する（幼児理解）ためには心身の発達の視点が必要となります。たとえば、仲間関係の中でいつもわがままを通そうとしたり、乱暴して相手を泣かせてしまったりするような子どもに、相手の気持ちをわからせようとしても、心理発達上なかなか難しい段階もあります。幼児期の心理発達の諸側面は相互に関連しながら発達していきますが、以下、長谷部（2013）を要約・整理（アレンジ）して、教育相談支援のために知っておきたい心理発達の道筋について、いくつかの視点を取り上げます。

① 情緒的発達

　幼児期には、うれしい・悲しい・怖いなどの多様で豊かな感情表現がみられるようになり、知っている人たちに情愛を示すようになります。新生児期

の赤ちゃんにも新生児微笑とよばれる微笑みがみられますが、それは睡眠時に多くみられる生理的な反応で人（対象）に向けられたものではありませんし、情動をともなうものではありません。3歳半から4歳前後ごろには他の人（子ども）の感情にも気づき始めて共感や同情を示したり、やがて他の人の感情を尊重した行動もとれるようになります。さらに、5歳前後にはネガティブな感情を抑えられるようにもなっていきます。

　そうした情緒的発達の基盤となるのは、エリクソン（Erikson, E. H.）[*1] の発達理論でいう基本的信頼感の獲得やボウルビィ（Bowlby, J.）[*2] の言うアタッチメント（愛着）形成です。乳児期には、母親（養育者）の養育を通して守られていることを実感することで信頼感を得ること、まず特定の養育者との間で形成される特別な情緒的結びつきであるアタッチメント（愛着）が形成されることが重要と言われています。そうした信頼感や情緒的結びつきを基盤としてしだいに家族以外の他者に対しても信頼感や愛着の対象を広げて人間関係を築いていきます。教育相談カウンセリングにおいては、こうした人との信頼関係がもてることが土台となっています。

② 社会性の発達—幼児期の仲間関係の意義

　子どもは身近な人や自然等とのかかわりの中でさまざまなことを学び成長していきます。他者とのかかわりの重要性は、乳幼児期から老年期までライフサイクルにわたります。とりわけ、自我と社会性の発達の土台となる乳幼児期は、家庭や園、地域での多様な人との出会いを通して、子ども自身の体験として多くを学んでいきます。なかでも、子ども同士の自然な交流には社会性の発達にとって大きな意味があります。同じような発達段階にある子ども同士のかかわりでは、物の取り合いや意見のぶつかりあいが起きても、大人や年長の子どもと違って、譲ってくれたり手加減してくれたりすることがないからです。少子化の進む中で、きょうだい関係を経験しない子どもが増え、家の近所での同年齢・異年齢の子ども同士の交流の機会も減り、コンピューターゲーム等、遊びのスタイルにも変化がみられます。鬼ごっこのよ

---

*1　エリクソン　仁科訳 1977-1980
*2　ボウルビィ　黒田他訳 1977

うなポピュラーな運動遊びでさえ、保育者が遊び方を教えることもあるという昨今、園という集団生活の場が、仲間関係形成のために従来にも増して重要となってきています。

　園生活では子どもたち同士楽しそうに遊んでいるうちに、いつの間にか玩具や遊具（に乗る順番）等を取り合うようなけんかやいざこざが起きることは日常茶飯事です。はるちゃんの乗っているブランコに乗りたいケン君。待ちきれなくなって「ぼくの番！」と主張しても、なかなか代わってもらえないこともあります。年齢によっては、順番を待つことや言葉で十分に伝えることも、がまんしたり相手の気持ちを思いやったりすることもまだ難しい段階があります。絵本を取り合ってどちらも離さず、互いを叩いたり引っ張ったり、どちらも自分の思いでいっぱいで、しまいには泣き出したりすることもあります。そうしたいざこざの経験を重ねるうちに、自己主張するばかりでなく、相手の気持ちにも気づき寄り添う心（向社会性）が芽生えてきます。けんか・葛藤の経験は共感性の芽生えを促進する契機と言えます。子どものけんかに関して、一人ひとりの子どもの思いや主張に耳を傾けることもしないまま、けんか両成敗で仲直りさせるのではなく、教育相談の技法を用いたていねいなかかわりをすることが大切です。

③ 向社会性と認知発達

　思いやり（向社会性）の発達には、相手の考えや気持ちを正しく読みとる「心の理論」の獲得といった子どもの認知上の発達がベースとなっています。「心の理論」が成立するのは4歳前後から、また、幼児の認知の限界性「自己中心性」（ピアジェ〈Piaget, J.〉）[1] から脱して徐々に相手の視点に立ってものごとを見ることができるようになる「脱中心化」（ピアジェ）もこのころからで、思いやりのある行動（向社会的行動）も少しずつできるようになっていきます。子ども同士さまざまな遊びや活動を通して、きまりやそれを守ることが必要であることにも気づいていきます。5,6歳ごろになると、ルールのある遊びを異年齢の集団で行うときには、年少の子どもも楽しめるようなルールの工夫や配慮もできるようになり、しだいに思いやりや協調性を身

---

*1　ピアジェ・イネルデ　波多野他訳 1969

につけていきます。こうした発達は思春期における社会的自己実現に結びついていくもので、その支援は中学・高校の教育相談の重要な役割となります。したがって、その土台として園における教育相談の重要な課題・目標と言えます。

④ 自己主張と抑制

　幼児期の子どもたちは、友だちの仲間に入りたい、一緒に遊びたい気持ちが豊かです。マズロー（Maslow, A. H.）[1]の欲求階層説によれば、人は誰もが愛情と自分の所属する集団を欲すると言います。一方で、先述したように、物の取り合い等のいざこざやけんかも頻繁に起こります。それは、自己を制御する（コントロールする）力の育つ好機と言えます。自己制御（コントロール）は、自己主張と自己抑制の２つの側面があると言われています。（遊びの仲間に）入れてほしい、（玩具を）貸してほしいなどと主張したり、イヤだと拒否したり、自分の希望や意志をはっきり伝える自己主張と自分の欲求や衝動を抑える自己抑制、これらの機能は３歳から５歳にかけて大きな伸びがみられると言われています。その後、質的変化がみられるといった研究報告や、自己抑制は小学校入学ごろまでなだらかに伸び続けるという研究報告等があります。いずれにしても、日本の幼児教育においては自己を主張することよりも、抑制して他の子どもたちと協調することができることの方がほめられる傾向があるようです。子どもの社会性の育成を考える時、がまんできることばかりをほめたり強調したりするだけでなく、自分の欲求や気持ち（怒りや悔しさといったネガティブな感情であっても）を適切なかたちで表現し主張することを支えていくことも大切と思われます。教育相談（カウンセリング）においても自己主張・自己抑制の両側面がバランスをとって育まれていくよう配慮したいものです。

⑤ 道徳性の発達

　子どもの道徳性の発達については、コールバーグ（Kohlberg, L.）[2]の理論があります。道徳的な価値判断を段階的に身につけるとするピアジェの理論

---

*1　マズロー　小口訳 1987
*2　コールバーグ　岩佐訳 1987

を継ぎ、子どもとの面接実験を通して、道徳性の発達プロセスに関する三水準・六段階の発達段階を設定しています。幼児期には、コールバーグの発達段階論のいう、罰せられるかほめられるかという行為の結果だけがその行為の善悪を決定するという段階（第一水準・第一段階）から、先述したような仲間との遊びを中心としたさまざまな活動の中で、相手の気持ちに気づき始めたり葛藤したりする体験を通じて、道徳性のもといが育まれていくと言えます。

⑥ 発達障害や "気になる" 子どもへの理解—幼児期における特別支援

　近年、幼稚園や保育所等において、落ち着きがない、こだわりが強い、園での集団生活についていけない、言葉の遅れ（発達の遅れ）が目立つ等の "気になる" 子どもたちが多くのクラスにみられると言います。しかし、たとえば、一口に落ち着きがない、動き回るといっても、一人ひとりの子どもの行動にはそれぞれに何らかの理由や原因があります。周りの人にとって気になる（困った）行動を含めて、生きにくさ・困難を抱えて困っているのはその子ども自身なのです。教育相談の視点やスキルを生かすために、以下の観点についての理解も重要となります。

〈1〉 自閉症スペクトラム障害（ASD）[1]、注意欠如・多動性障害（AD/HD）[2]、限局性学習障害（SLD）[3]、知的障害などの発達障害の子どもの多くに、情緒や知的能力、運動（協調運動）能力において困難が認められます。子どもたちの困難がそうした発達障害によって生じている場合もそうではない場合も、一人ひとりの子どもに合った支援の方法を根気強くていねいに考えて支援していくことが求められます。特に発達に障害（あるいはその疑い）のみられる子どもたちへの支援については、その子どものできないことに目が向きがちですが、その子なりの資質・能力のプラス面（自助資源）に気づくことができるような視野の広さや温かなまなざしが必要ではないでしょうか。その子どものために少しでもできるようにさせたいという保育者の思いが、

---

*1　DSM-Ⅳ-TR では、広汎性発達障害（PDD）（American Psychiatric Association, 2000）。
*2　DSM-Ⅳ-TR では、注意欠陥多動性障害（AD/HD）。
*3　DSM-Ⅳ-TR では、学習障害（LD）。

叱ったり注意したりといった対応となり、ただでさえ園生活になじめず集団生活についていけないでいる子どもの自信をさらに失わせ、二次（的適応）障害を引き起こしてしまうこともあります。それぞれの発達障害の特性をまず十分に理解することが必要です。その上で、一人ひとりの子どもにゆったりと向き合い、必要に応じて、特別支援教育コーディネーターや巡回相談等の特別支援教育[*1]の外部システムとの連携も視野に入れ、その子どもなりに安定して自信をもって園での生活ができるような環境を整える等、試行錯誤しつつより良い支援の方向を考え続けていくことが大切でしょう。

〈2〉接続期における配慮—幼保小連携の重要性

　発達障害に起因すると思われる困難を抱える子どもや、発達障害とは言えないまでも"気になる"子どもに関して、幼稚園・保育所・認定こども園から小学校への移行がその子どもにとって滑らかに進むよう、小学校の教職員との協力連携が接続期には非常に重要となります。

　卒園時に小学校に渡される「幼稚園幼児指導要録」「保育所児童保育要録」「認定こども園こども要録」が、園での子どもの姿・発達の状況や支援（特別支援）の状況を小学校に知らせてつなぐ資料となっています。幼稚園教諭や保育士の中には、そうした要録だけでは連携が不十分と考え、直接小学校に出向かれて、当該の子どもの気になる様子やこれまでの園での支援（保護者への対応・支援を含む）等について報告される方もいらっしゃるようです。ところが、そのことが必ずしもうまく生かされず、小学校入学早々に問題状況が生じてしまうこともあるようです。小学校における次年度の校内人事で新1年生の担任が決定される時期や、一般的に、公に新年度の新担任発表が行われるのが4月の始業式・入学式であること等から、校長・副校長等の管理職が来校された保育者の報告を聞くのが現状のようです。小学校の教員が自身の担任学年やクラスを知るのも、公私立・自治体によって多少の違いがあっても、おおよそ修了式や卒業式の日のようです。園からの子どもの情報については、新担任発表後に管理職から当該教員に伝えられることになりま

すが、修了式、卒業式当日は落ち着かず、さらにまた、年度末に管理職の異動、退職などがあって、せっかくの情報が十分に伝わらないこともあるのかもしれません。幼稚園・保育所・認定こども園や公の教育相談機関からの情報が確実に生かされるよう、早急に何らかの改善がなされることが望まれます。

（3）まとめ

　これまで述べたことは、幼児理解（特に、発達の理解や支援・指導）のために必要な視点の一部にすぎませんが、教育相談の考え方・進め方の重要な基盤となるものです。思春期以降の子どもを対象とした教育相談が究極的にはその自己実現を目標としているのに対して、園における教育相談の多くは、子ども本人を直接かかわりの対象とせず保護者へのかかわりを主としていても、子どもの発達的な支援が中心課題であると考えられます。

3 実践例

（1）保護者と保育者が毎日会うことを生かした教育相談

　第Ⅰ部の p.3「（1）はじめに」で述べられているように、保育者の行う教育相談は専門機関等における教育相談カウンセリングとは違い、園での日常性の中で展開していきます。また、第Ⅱ部の p.70 以下で述べられている問題行動に対する初期対応についても、毎日の保育実践において一人ひとりの子どもの様子をていねいに観察してかかわっていくことが重要になります。さらに第Ⅲ部の p.80 で述べられている教育相談における信頼関係も、保護者との何気ない日常会話の中で培われていきます。事例1では、こうしたポイントについて具体的に示します。

ねらい

① 園における教育相談（カウンセリング）と外部専門機関の教育相談（カウンセリング）との違いを理解する。

② 子どもの問題行動に対する初期対応について、問題行動場面だけでなく、日々の子どもの姿・行動を観察して、その子どもの情緒や社会性（仲間関係）の発達の側面から理解することが必要であることを学ぶ。

③ 保護者との信頼関係を築くために、保護者との日頃のかかわりの重要性に気づくとともに、保育者に求められるカウンセリング・スキルについて学ぶ。

事例1　幼稚園になじめないサチエ（3歳）

　サチエ（3歳女児）は幼稚園に入園して1か月がたちますが、毎朝登園時に泣いて母親から離れられず、一緒に帰りたがっています。保育者は、さりげなく「どうしたのかなあ？」とサチエに声をかけますが、サチエは泣き続けるだけで、母親はおろおろしています。また母親は、そんな自分たち親子を見る他の保護者の目も気にしている様子です。

　その後、サチエが保育者と一緒に園庭に出たり、生き物に興味を示したりして遊び出したところで母親が帰る日もあれば、ずっと母親にしがみついているのを、保育者が時間をかけて保育室に入れる日もあります。日によって異なりますが、毎日この繰り返しで、母親はどうしてよいかわからず、登園時に保育者に相談しました。

理解と対応の実際

　これは、幼稚園の入園当初によく見られる光景です。保育者は、サチエ親子の様子を見ながら、まずサチエに関する心理教育的アセスメント（第Ⅱ部の p.63 ～ 64「(1) 検査からアセスメントへ」、第Ⅲ部の p.81 ～ 83「(1) 心

理教育的アセスメント」参照）を行いました。日頃の園でのサチエの様子を振り返り、発達面・情緒面・体調などのサチエの様子や、園での友だち関係、さらに、母親と離れた後は楽しそうに活動していることも合わせて、サチエの登園渋りは、入園時によくある新しい環境への不安と期待の葛藤状態によるものであると考えました。そこで保育者は、そんなサチエの気持ちをまず受け止めることにしました。

　同時に保育者は、サチエに手こずる母親の気持ちも受け止めようと、毎日会う度に、その日の母親の様子を見て、声をかけ、コミュニケーションをとるようにしました。保育者が、サチエの母親の相談を日常のかかわりの中で進めようと思ったのは、サチエの母親が他の保護者の目を気にしているのを知っていたからです。<u>保護者の中には、相談に行っていることを他の保護者に知られるのをいやがる傾向があり、そのような状況では、問題はなかなか改善されません。</u>1) 保育者は、サチエの母親の気持ちを優先して、まずは母親が安心できるように配慮しました。サチエの不安は、母親の不安も影響していると考えたからです。また、この状況は特別に困ることや異常なことではなく、成長過程におけるステップであることを伝え、母親の気持ちが楽になるようにも努めました。そして、焦らず一緒に考えていこうと、保育者の方針を伝えました。

　保護者との日常的なかかわりにおいて大切とされる教育相談（カウンセリング）スキルは、受容的態度と傾聴です。保育者は、不安な母親の気持ちを真摯に聞き、そのまま受け止めることに努めました。（受容的態度、傾聴については第Ⅱ部のp.66〜72「5 何をどう聴いてみるか」参照）

　そこで、サチエがしがみついて泣いた朝、母親が「サチエを登園させたら、私は他のお母さんと一緒に帰らなければいけないのに、なぜ、うちの子は離れられないのか…。」「無理に引き離してでも帰りたくなる。」と、保育者に本心を訴えたときも、そのままの母親の気持ちを受け止めるようにしました。また、ある朝は、保育者の方から「サチエちゃんがこんなにいやがっているのですから、お母さん、一緒にいていいですよ。」と言って、登園後しばらく親子で過ごすことを提案し、サチエも母親も安心できるようにしました。

　さらに保育者は、<u>送迎時の立ち話や連絡帳を使って、園でのサチエの様子</u>

<u>を具体的に母親に伝えるようにしました。</u>₂) 母親の知らないサチエの違った一面を知ることにより、サチエの状況を受け止めて、サチエがなぜ泣くのかを一緒に考えてほしいと思ったからです。保育者も、家でのサチエの様子を母親から聞き、情報を共有するようにしました。

　このように保育者は、毎日会う母親とのわずかな時間の交流を、大切なコミュニケーションの場と考えました。目の前のサチエの様子を母親と共に見ながら、成長しつつあるサチエの姿を共有し、一緒に考えていきました。保育者のこの姿勢は、母親との信頼関係を築くことにもつながりました。

　母親がこの状況を受け入れることができるようになると、サチエが泣いても、母親は以前のようには動揺しなくなりました。サチエは、泣くことで新しい環境に対する不安な気持ちに折り合いをつけ、ひとしきり泣いた後はすっきりして余裕も出てくることを、母親なりに理解できるようになりました。サチエが成長の道筋を自分の足でしっかり踏み固めながら歩いていることを母親が理解し、肯定的にとらえられるようになって母親の不安が減ると、しだいにサチエの不安も減ったようで、サチエは朝あまり泣かなくなりました。サチエにも、母親が自分の気持ちを理解してくれたという安心感が出てきたのでしょう。サチエは、以前よりスムーズに保育室に入って友だちと遊ぶようになりました。

　先日、母親が「先生、登園するなり、サチエが『ママ、バイバイ。』と言ってすぐに私の手を離して、にこにこして保育室に入ったんです。」とうれしそうに保育者に話しました。

　保護者と保育者が毎日会う日常のやりとりを通して、信頼関係を築き、教育相談を進めた例と言えます。

課 題

　① 専門機関と異なる園での日常性の中で行われる教育相談のあり方はどのようなものか、<u>傍線部 1）2）</u>に注目して考えましょう。

　② 子どもの問題行動を、情緒や社会性（仲間関係）の発達の側面から理解している様子をまとめてみましょう（なお、情緒や社会性の発達については、第Ⅲ部の p.83 ～ 85「①情緒的発達」「②

社会性の発達」で説明しています）。

③ この事例に見られる受容的態度の具体的実践方法、傾聴の姿勢
について抜き出して整理し、大切なポイントを押さえてみま
しょう。

（2）保護者との信頼関係を築いて進めた教育相談

　教育相談において、保育者が保護者との間に信頼関係を構築することは、
とても重要なことです。保育者を信頼した安心感のある関係性の中でこそ、
保護者は自分の真の思いを話せ、失っていた自信を取り戻して、心穏やかに
問題解決に取り組んでいくことができます。また、問題の解決には園と家庭
の協力体制も欠かせず、子どもの姿を、園と家庭のトータルの視点で見守る
必要があります。事例2では、これらの保護者とのかかわりがどのように進
められたかを考えてみましょう。なお、教育相談における信頼関係の構築に
ついては、第Ⅲ部のp.80で述べています。

ねらい

① 教育相談で大切な保護者との信頼関係を築くために、保育者に求められ
る適切なかかわり方を理解する。

② 問題の解決には、家庭との協力も必要であることを学ぶ。

事例2　すぐにかんでしまうナオト（3歳）

　リョウタ（3歳男児）とナオト（3歳男児）がブロックで遊んで
いました。すると、急にリョウタの激しく泣く声がしてきました。
保育者が泣き声を聞いてかけつけてみると、リョウタは「いたい！」
と泣きながら手を見せました。リョウタの手には、ナオトの歯形が
くっきりとついています。保育者はナオトに「何があったの？」と
聞いてみますが、ナオトは何も言いません。保育者がリョウタの手

の歯形をナオトに見せ、「かんじゃったの？」と聞いてみると、ナオトはうなずきました。保育者は、リョウタの手をすぐに冷やす対応をしました。

　降園時に、リョウタとナオトの双方の母親に残ってもらい、保育者から状況を説明し、今後さらに気をつけて対応することを伝えました。ナオトは以前にもこのようなかみつき行為があり、ナオトの母親は悩んでいました。そこで、この機会に相談したいとナオトの母親から申し出があり、後日時間をとることになりました。

理解と対応の実際

　幼稚園や保育所等の現場では、３歳児の最大の防衛はかみつき行為だと言われます。言葉ではまだ十分に気持ちを伝えられない段階にあっては、かみつき行為はすぐにでき、言葉の代わりに「やめて！」「取らないで！」などの自分の気持ちを伝える手段となります。

　リョウタの手についたナオトの歯形を見せながら、保育者は、どうしてかんでしまったのかをナオトに聞きました。ナオトは涙ぐみながら、「だって、あの積み木、ぼく、使いたかった。」と、理由があるがそれをうまく伝えられずにかんでしまった状況を話しました。保育者には、ナオトの近くにあるブロックをリョウタが手に取って使おうとするので、ナオトが怒ってリョウタの手をかんでしまったという状況がわかりました。

　幼児がかむ行為は、本当はこうしたいという気持ちがありながら、うまく言葉で伝えられないという発達段階における行為であることを、保育者も保護者も理解することが必要です。かんではいけないことを教えることはもちろん大切ですが、どうすればよかったかも教え、その経験を積むことでかみつき行為がなくなるように、成長を見守ることが重要です。

　そこで保育者は、まず、かむのはやめようとナオトに話した上で、かむ代わりに口で言おうと伝えます。そして、かまない方法として、「やめて！」「だめ！」「ぼくのだよ。」「取らないで。」などの言葉での伝え方を具体的に教えました。もし困ったら先生に助けを求めてよいことも話しました。

　また、友だちとの間で問題が起きたときには、降園時に双方の保護者に残っ

てもらい、状況を説明するのも重要なことです。保育者から何の説明もなく、自分の子どもの手に歯形を見つけ、子どもからの不十分な説明で経緯を知るのでは、誤解が生じたり、園への不信感が募ったり、しこりが残ったりします。そのため、その日のうちに保育者から双方の保護者にきちんと説明し、解決する必要があります。子ども同士ではその都度解決できるケースでも、保護者が理解しないと問題が大きくなることもあります。

　かまれた子は痛く、その保護者もつらいものがありますが、かんだ方の子の保護者もとても悲しい気持ちでいます。後日、相談に来たナオトの母親には、園では「かまない」「口で言う」「困ったら先生に助けを求める」という指導を重点的にしていることを伝えました。ナオトには表現したいことがあり、それが伝えられないからかむのであって、理由はちゃんとあること、その気持ちは受け止め、かむ以外の方法を園と協力して一緒に教えていってほしいことを話しました。そして保育者は、涙ぐんでいる母親に、「お母さん一人で悩まないで、一緒にやりましょう。」と支える姿勢を示しました。さらに、「これからもかむことがあるでしょうが、その時には、ナオトくんも、お母さんも、保育者も、一緒に謝りましょう。」と保育者が伝えると、母親はほっとしたように帰っていきました。

　教育相談では、保護者との信頼関係が基盤となります。保育者が話を真剣に聞いてくれること、子どものことに一生懸命向き合ってくれていることなどが、保護者との信頼関係の構築につながります。

　ナオトへの指導は、根気強く繰り返し行われました。また、かまずに言葉で言えたときには、「かまないで言ったのはえらかったね。」とほめるようにしました。このようなことがあった日には、必ず降園時に母親に報告し、母親からもほめてもらうようにしました。また、家庭でも、困った状況を言葉で表現できたときは、積極的にほめるように話し、園と家庭の協力体制をつくりました。

　時間はかかりましたが、園と家庭が協力して同じ対応を継続したことと、言葉の発達に伴って気持ちを言葉で表現できるようになったことで、問題は改善されていきました。

　教育相談の問題解決については、子どもを園だけの姿で見て進めるのでは

なく、家での生活の様子もトータルに見て、バランスをとりながら包括的に取り組むことが必要です。またそのように、生活全体が豊かなものとなるために、保育者と保護者がともに子どもの成長を見守るパートナーとしてつながることが期待されます。

このことは、小学校における教育相談も同様であり、特に小学校低学年の子どもに対する教育相談アプローチとして大切です。

課題

① 保育者のどのようなかかわりが、保護者との信頼関係につながったかを、抜き出して整理してみましょう。
② 保育者と保護者が同じ方針で子どもの問題に対応していった様子を、具体的にまとめましょう。

（3）個人面談の話から発展させた教育相談

先述したように、園で保育者の行う教育相談は、子どもや保護者との日常的なかかわりの中で展開されます。登園時、降園時の立ち話から始まることもあれば、あらかじめ設定された全員対象の個人面談で相談された内容を、保育者の専門性で教育相談につなげる場合もあります。その際に、保護者を介しての子どもの相談であるという特殊な構造を理解し、子どもの最善の利益のためにどう進め、支援していくかを考えることが重要です。事例3では、これらについて検討してみましょう。

ねらい

① 保護者である大人を介しての子どもの相談であるという、幼稚園での教育相談の特殊性を理解する。
② 保育者と保護者で進める相談において、子どもの思いを取り入れて問題を解決するために、保育者として留意することや、子どもへの適切な援助について学ぶ。

事例3　いつも友だちから命令されてしまうモモコ（4歳）

　モモコ（4歳女児）は、以前はその日に幼稚園であったことを楽しそうに母親に話していましたが、最近はあまり家で幼稚園の話をしません。母親は、友だちと何をして遊んだのか聞くのですが、モモコは話したがりません。

　これまでは、家から幼稚園まで行くときに、モモコはスキップをしてはりきっていたのですが、最近では、朝起きるのも着替えるのも時間がかかり、家を出るのにぐずぐずするようになりました。

　母親は、園で何かあったのではないかと心配になりましたが、そんな時期なのかと思うようにし、あまり深刻にとらえないようにしていました。

　そんなころに、全員対象の定期個人面談がありました。担任の保育者が「何かお聞きになりたいことはありますか。」と聞いたので、母親は、モモコが最近このように元気のないことを相談することにしました。

理解と対応の実際

　母親の話を聞いて、保育者には思い当たることがありました。それは、最近のモモコとその仲よしグループの遊びに関することで、その様子を母親に話しました。

　最近モモコは、仲よしのエミたち数人と、お姫様ごっこをして遊んでいます。そこでは、エミがいつも遊びの役を決めています。いつもエミはお姫様役で、もう一人のお姫様もその都度エミが決めます。モモコもお姫様役になりたいのですが、なかなか順番は回らず、いつもエミから他の役を命令されてしまいます。モモコはおっとりしていて、自分の気持ちをうまく言えないでがまんしてしまうところがあるので、エミたちから勝手に決められてしまうようでした。

　保育者は遠巻きにその様子を見ていて、「モモコちゃんもお姫様になりた

いんじゃないの？」とモモコに聞いてみたことがあるのですが、モモコが否定するので、モモコなりに他の役を楽しんでいるのだと思っていたと、正直にモモコの母親に伝えました。そこで、保育者がモモコの本心を聞いてみること、その遊びに保育者が参加して調整することを母親に提案しました。このように、一見集団で遊んでいるように見えても主体的に取り組めていないことは、この時期の子どもたちにはよくあることです。保育者には、その専門性として、子どもたちが充実した活動を展開できるように環境を再構成し、援助していくことが求められます。

　翌日、保育者はモモコをそっと呼んで、気持ちを確かめてみました。するとモモコは、「本当はお姫様役をしたいけれど、いつもエミちゃんが決めてしまうこと」「でも一緒に遊びたいからがまんしていたこと」などをぽつりぽつりと話しました。そこで保育者は、「モモコちゃんも先生もお姫様になりたいから、今日はモモコちゃんと先生にお姫様役をさせてって、一緒にエミちゃんたちに言ってみようよ。」とモモコに提案しました。モモコは、「先生が一緒ならやってみる。」と言って、保育者と一緒に、がんばって自分の気持ちをエミたちに伝えました。すると、エミたちもモモコの気持ちに気づいたようで、その日はモモコがお姫様役をすることができました。そして保育者も交じって、楽しく遊ぶことができました。

　モモコは、とてもうれしそうでした。保育者がモモコに、「エミちゃんがモモコちゃんの気持ちをわかってくれてよかったね。」と言うと、モモコもとても安心した様子でした。そして保育者は、エミにも「モモコちゃんがすごく喜んでいるよ。モモコちゃん、本当はお姫様役をやりたかったんだって。」と伝えました。この経験が、エミにとって、友だちの気持ちを考えることの大切さを学ぶよい機会となるようにと、保育者は考えたのです。

　降園時に心配そうに迎えに来たモモコの母親は、「お母さん、今日ね、お姫様になったの。」とうれしそうに話すモモコを見て、ほっとしたようでした。その後、お風呂に入っているときに、モモコは母親にも「一緒に遊びたいからがまんしていたの。」と、当時の気持ちを話すようになりました。そして母親は、個人面談で相談してよかったと、保育者に話しました。

　また保育者は、その後にあったエミの個人面談の機会を使って、エミの母

親にも、「はじめは、いつもお姫様役をやりたがっていたけれど、最近はリードして、みんなで交代してお姫様役をやるようになった」ことを話しました。それを聞いた母親も、いつもお姫様役ばかりしていたエミの言動を少し心配していたこともあり、その成長を喜びました。

　その後も、保育者はさりげなくモモコたちの遊ぶ様子を観察し、仲よく遊べていることを継続して確認しました。今は、モモコも積極的にいろいろな役をやり、エミとも楽しそうに遊んでいます。

　4歳児はいろいろな思いが混沌とし、自分でもうまく整理できない時期だと言われ、この事例も4歳児にはよくあるケースだと考えられます。エミたちはモモコを仲間はずれにしているわけではなく、この時期にある力関係からお姫様役が決まっていたという状況だったと思われます。モモコも、エミたちと一緒に遊びたい一心から、他の役を引き受けていたと言えます。さまざまな体験をしながら成長しつつある姿としてモモコやエミをとらえ、保育者として適切な援助をするにはどうかかわればよいかを考えていくことが求められます。

　この事例は、個人面談の機会を通して、モモコの母親から始まった相談でしたが、園での教育相談の特殊性が表れた例と言えます。園での教育相談は、大人が自分の相談に来るカウンセリングや、小学校・中学校・高校で一般に行われている児童・生徒を呼び出しての面談（呼び出し面談）と違い、保護者である大人を介しての子どもの相談であるという特殊な構造をもっています。このような相談のケースでは、保護者のフィルターを通して情報が収集されて始まります。そこで保育者は、子どもの思いを取り入れながら、状況を正確にとらえ、問題を解決していくことが求められます。この事例でも、保育者は、保護者と子どもの気持ちを受け止め、モモコの気持ちを確認した上で、一緒にエミに言うという支援をしました。そしてこれは、モモコにとっては、自分の気持ちを伝えるモデルとして学ぶ経験となり、エミにとっては、人の気持ちを理解することの大切さを学ぶ機会となりました。

課 題

① 園の教育相談は、他のカウンセリングや面談と違って、どのような点が特殊な構造となっているかを、<u>傍線部</u>に注目して考えてみましょう（なお、幼稚園における教育相談の特殊性については、第Ⅲ部の p.79 ～ 81「1　園における教育相談の考え方」でもふれています）。

② この事例で、子どもの思いを取り入れて問題を解決するために、保育者が実際に行った援助を抜き出して整理してみましょう。

（4）保護者の養育力の向上を図った教育相談

　現代社会では、都市化、核家族化、少子化、情報化などの養育環境の変化により、育児に不安やストレスを抱えて養育力が落ちている保護者も少なくありません。保護者が安定した気持ちで育児をすることは、子どもの健やかな成長と豊かな生活にとって重要なことです。

　教育相談の中には、保護者が子どもの課題を正確に理解していなかったり、保育者のとらえ方とずれがあったりする場合があります。また、そもそも子どもの課題に気づいていない保護者もいます。そのようなケースでは、保育者の思いや問題の核心が保護者になかなか受け入れられず、教育相談が円滑に進まないこともあります。教育相談は、常に単線形にうまく運ばれるのではなく、順調に進んだり失敗したりする過程を繰り返しながら、長い時間をかけて進行し、最終的に解決に向かうことも多いと言えます。その過程においては、まずは保護者の気持ちを受け止めながら、どのように保護者を啓発し、養育者としての成長を支え、養育力を向上させていくかについて考えていく必要があります。事例4では、これらについての保育者の具体的な手立てを見ていきましょう。

ねらい

① 保護者の養育力の向上とはどういうことか、具体的に学ぶ。

② 保護者のかかえる相談内容が、実際の問題とずれていたときの、保育者の適切な対応について考える。

③ 教育相談がうまく進まなかったときに、解決へ導く方策を考える。

事例4

自分の主張を通そうとするソウタ（5歳）

　ある日、遊戯室に年長組のヨシヒコたち4人が集まって、大きい積み木で「おばけやしき」を作っていました。そこにソウタ（5歳男児）が「ぼくもやりたい。」と言ってきて、ヨシヒコたちも「いいよ。」と言って一緒に作ることになりました。しばらくするとソウタは、ヨシヒコたちが作ったものを動かしたり、指図をしたりするようになりました。ヨシヒコたちが、「えー！」「ソウタくんは後から来たのにずるいよ。」「ソウタくんはいつもそうなんだから。」などと反発すると、ソウタは怒って「なんだよ！」と大声を出して、積み木をけとばしました。

　それに気づいた保育者が、双方の話を聞きました。そして、先に作っていたヨシヒコたちには、おばけやしきのイメージがすでにあり、そこにソウタが入ってきたといういきさつがわかりました。保育者は、「ソウタくんはいつもそうやって、後から来て思い通りにしようとする。それでうまくいかないと怒る。」というヨシヒコたちの思いをソウタに伝え、みんなの気持ちを聞くように話しました。するとソウタは、「じゃあ、いいよ！ぼく、もうやめた！」と言って、外に遊びに行ってしまいました。

　数日後、降園時に、ソウタの母親が「先日、ソウタが『ぼくはいつも幼稚園でがまんしているからつまらない。』と言ったのですが、どんな様子でしょうか。」と保育者に聞いてきました。保育者は、

> これまでにもソウタの母親にソウタの件で伝えたいことがあったので、よい機会と思い、ゆっくり時間をとることにしました。

理解と対応の実際

　ソウタには、想像力も知識もあり、言葉で思いを伝える力もありますが、友だちとのかかわり方では自分中心でうまくいかないこともありました。これまでは、そんなソウタのおかげでおもしろくて魅力的な遊びを繰り広げることができ、周りの子たちも一緒に遊び、ついてきていました。しかし、だんだん周りの子たちも成長し、自分たちのイメージがはっきりしてきて、自己主張の力も育ってきていました。

　ソウタは、よいアイディアを思いつき、提案しているつもりでしたが、言い方がきつく、自分の思い通りにしたい気持ちも強くありました。保育者は、両者の話を聞いて、ソウタには、主張するだけでなく、相手のやっていることや気持ちにも気づき、友だちの話を聞ける子になってほしいと思いました。また、周りのヨシヒコたちにも、4人ですでにおばけやしきのイメージがあったことなどを、ソウタにわかるように主張してほしいと考えました。そこで保育者はソウタに、みんなの気持ちを聞くように話したのですが、ソウタは納得がいかなかったようでした。

　ソウタは、それを「自分ががまんして折れている」という認識でとらえ、家に帰って母親に訴えました。これまでにも、その保育者から同様の対応が続いていたため、母親は、自分の子が仲間はずれにされているのではないかと心配になって相談してきました。

　このように、相談内容が現実の状況とずれている場合、まずは、保護者が自分の子どもの課題に気づくように導き、保護者を啓発することが求められます。保育者は、保護者にとって子育てのパートナーであることを自覚して、教育相談を通して、保護者をエンパワーメントし、結果的に養育力を向上させることで、問題の解決につなげることが大切です。

　この事例でも、保育者は、ずれを感じながらも母親の思いを受け止めるために、母親の話をよく聞くようにしました。母親は、一方的にソウタの言い分を主張しましたので、保育者は、現実に起こっていることを何とか母親に

理解してもらいたいと思いました。そこで保育者は、園でのソウタの様子を伝えながら、ソウタのがまんは事実ではあるが、周りの子どもたちもがまんしている事実を伝えます。しかし、相談のはじめの2〜3回は、なかなか母親には受け入れられませんでした。母親は、ソウタだけが悪いと保育者から指摘されたと解釈し、感情的になることもありました。「先生は、これまでもソウタだけにがまんさせてきた。」と母親が言って帰った日、保育者は悩みました。自分の言い方がきつかったのではないか、進め方が早急だったのではないかなど、自分の対応を振り返りました。

また保育者は、同僚に経緯を話し、どうしたらよいかを相談しました。そして、「ソウタだけではなく、他の子もがまんしている状況が、母親にうまく理解してもらえなかったこと」「母親の思いを十分に受け止められなかったこと」「子育てのパートナーとして共に見守っていこうとする保育者の思いが母親に伝わらなかったこと」などが、対応の問題点として浮かび上がってきました。

同僚に相談したことで、保育者の気持ちも軽くなりました。すると、保育者は、相談してきたソウタの母親がどれだけ心配でつらかったかを理解できるようになりました。そこで保育者は、さらに回数を重ねてじっくり母親に寄り添い、まずは、失われつつあった信頼関係という教育相談の大前提の構築を目指しました。

保育者は、努めて母親に声をかけ、園でがんばっているソウタの様子を伝えるようにしました。また、ソウタと一緒に遊ぶ中で、ソウタの気持ちも理解するようにしました。はじめのうちはやや硬かった母親の態度も、そんな保育者の様子を見て、少しずつ軟化してきました。

そんなある日、降園時に、母親と保育者が話しているときに、ソウタが友だちのブロックを取り上げてトラブルになる場面に遭遇しました。友だちは、ブロックで大きな恐竜を作っているところでした。保育者は、母親に、認識のずれを理解してもらうよい機会だと考えました。

そこで保育者は、2人から話を聞き、「ソウタは友だちのためにもっと大きい恐竜を作って一緒に遊ぼうとしたけれど、友だちは自分のイメージで作りたかったこと」「友だちの了解もなく力づくでしてしまったためにトラブ

ルになったこと」を2人と確認し、どうしたらよかったかを一緒に考えました。保育者は、このとき、ソウタが一緒に遊びたくて、よかれと思ってしたことなのだと受け止めたことを2人に伝え、ソウタだけを注意したり、ソウタだけにがまんさせたりしないように十分配慮しました。この対応は、ソウタも納得がいったようで、「ごめんね。」と、素直に友だちに謝ることができました。そして、この一部始終を見ていたソウタの母親も、経緯がよくわかり、日頃の問題の所在がここにあることにも気づいたようでした。

　その日から、母親は、降園時の友だちとのかかわりを保育者と一緒に見て、ソウタの課題が見える言動を観察することで、自分の認識と現実のずれに、さらに気づくようになりました。

　そこで保育者は、年長児として育ってくると、集団の中で自分の思いを表現したり主張したりすることと同様に、折り合いをつけることも大事であり、その経験を通して自己制御[*1]の力が伸びるので、ソウタにとってはがまんだったかもしれないけれど、社会性や協調性を育てるとてもよい機会なのだと伝えていきました（社会性や協調性については、第Ⅲ部のp.83〜89「(2) 心理発達の視点」参照）。

　しだいに母親の中に、ソウタの言うがまんは、心配していた仲間はずれによるものではなく、折り合いをつけて社会性を育てる大切な体験であるという認識が生まれました。そして、がまんに関する解釈の違いを母親が理解できるようになりました。

　こうして少しずつソウタの課題が見えてきた母親は、保育者と情報を共有して、ソウタの気持ちを聞いてみました。すると、例えば「おばけやしき」を作るときに、自分のイメージはあるけれど、それよりも、みんなと一緒に遊びたいという思いが根底に強くあることがわかってきました。そこで母親は、「友だちと遊びたいんだったら、友だちの言うことも聞かなきゃね。」と、ソウタに言って聞かせることができるようになりました。また、母親は聞き

---

*1　自分で自分をコントロールする力。自分の希望や意志をはっきり伝える自己主張と、自分の欲求や衝動を抑える自己抑制の2つの側面があり、3歳から5歳にかけて大きく伸びると言われる。詳細は第Ⅲ部のp.86「④自己主張と抑制」参照。

上手になり、ソウタが言ってきたことに、「それはこういうことなんじゃない？」とか、「そうなの。それは、こうすればいいかもね。」と言えるようにもなりました。

　教育相談を通じて、ソウタの母親はソウタの課題に気づき、養育者として成長したと言えます。ソウタにはまだ課題はありますが、以前ならすぐに怒ったところで、友だちの話に耳を傾けることができるようになり、そんなソウタの変化を周りの友だちも受け入れるようになりました。保育者は、今後もソウタの力を伸ばしていけるように、母親と協力して見守っていくことを母親に伝えました。

課　題

① ソウタの母親の養育力が向上したと言える姿を抜き出してみましょう。

② 保護者の相談内容が現実とずれていたときに、保護者がそのずれに気づき、子どもの課題を認識できるように、この事例では、どのように保育者がかかわっていったかを、整理してまとめてみましょう。

③ はじめのうちは、なかなかうまく進まなかった教育相談が、失敗を振り返ることで解決へ向かいました。保育者が、どのような問題点があったと考え、どのように軌道修正していったかをまとめてみましょう。

（5）外部専門機関との連携がうまく機能した教育相談

　教育相談の中には、保育者の手に余る相談や、さらに適切な対応が必要と判断される相談があり、そのような場合には外部専門機関と連携、協力することが必要となります。事例5は、問題行動への対処として外部専門機関と連携したケースを具体的に示します。保育者が外部専門機関とどのように連携をとり、協力していったかを考察していきます。また、本事例に登場する子どもは自己抑制が難しいため、さまざまな問題行動を見せています。3歳から5歳にかけて自己制御（自己主張と自己抑制）の機能は大きく伸びると言われますが、これらについても、発達的な側面から理解し、保育者の適切な対応を考えていきましょう。なお、自己制御については第Ⅲ部の p.86「④自己主張と抑制」で説明しています。

ねらい

① 教育相談における外部専門機関との連携について、実際の進め方を学ぶ。
② 子どもの心理発達の視点として、自己抑制の難しい子どもの例を通して、保育者のかかわり方を理解する。

事例5

衝動的に暴力をふるってしまうユウタ（5歳）

　ユウタ（5歳男児）は、些細なことや自分勝手な理由で、すぐに手や足が出てしまい、自己抑制ができません。しかも、危険なので決して殴ってはいけない鼻、目、腹などを殴るのが顕著な傾向でした。したがって、友だちに対して日常的に、鼻を殴って鼻血を出させたり、積み木を相手に向かって投げたり、縄跳びの縄で頬をたたいたりするなど、瞬時に危険な行為に及ぶことがありました。やられた子どもたちは、やり返せずに驚いて泣くことが多く、保育者は日々その対応に追われ、子どもたちもたくさん訴えてきます。また、保護者間でも噂になり、ユウタは特別視されやすい子どもでした。

　そこで、ユウタの母親は、自ら保護者会の後に残り、ユウタのことでとても悩んでいると、担任の保育者に相談しました。

理解と対応の実際

　シングルマザーで他に相談する人もいないユウタの母親は、保育者に相談すると同時に、心配のあまり、ユウタをクリニックで受診させました。そして、AD/HD の疑いがあるが、投薬までの状態ではないと診断されました。

　ユウタには、優しいところやすぐに反省するよいところもありましたが、問題行動はなかなか改善されませんでした。保育者もいろいろ言い聞かせたり、約束をしたりしましたが、うまくいきません。母親も、知人のアドバイスで犬を飼ってみたりしましたが、特に効果はありませんでした。その間もユウタの問題行動は続き、しだいに他の保護者からも苦情や不満が、担任だけでなく母親にも届くようになりました。

　幼稚園で教育相談が始まるきっかけとしては、保護者からの要望に応えて始まる場合と、保育者、園側の問題意識に基づいて始まる場合があります。前者は個別の面接がスムーズに始まると言われるのに対し、後者は保護者の問題意識が足りなかったり、抵抗感があったりするために個別の面接が難しいと言われます。ユウタの母親の場合は前者だったので、面接はスムーズに始まりました。しかし、クリニックの診断結果では、疑いはあるものの発達障害（第Ⅲ部の p.87 〜 89「⑥発達障害や"気になる"子どもへの理解」参照）ではないと言われたこと、自分の子どもばかりが問題児であると決めつけられたくないことなどの気持ちから、保育者に対して身構えるような姿勢で向き合いました。そこで、この日の面接では、ユウタの母親は心を開いて保育者に話すことができませんでした。「家では、特に問題はありません。」などと、園側の対応が悪いかのような、問題のすり替えもみられました。

　この日の面接を終えた保育者は、相談の進め方に悩みました。ユウタの母親は、確かにユウタのことで苦しんで保育者に相談したのですが、問題児扱いされているユウタがかわいそうだという意識が強く、自ら相談しておきながら、保育者に反発するような結果となりました。攻撃性の高い子どもの場合、親も同様の傾向がみられると言われますが、日頃の園の対応への反感も

あったのかもしれません。

　そこで保育者は、送迎時に、他の保護者に気づかれないように、さりげなく母親に声をかけるようにしました。また、母親のつらい気持ちを受け止め、一緒に考えていくという思いを母親に伝え、同僚から紹介された大学の心理教育相談室（カウンセリング）を母親に提案しました。そして、保育者も担任としてその心理教育相談室に関わるので、ユウタくんとお母さんも一緒にそこに通ってみませんかと持ちかけました。

　そこには、親子カウンセリングを受けた方が好ましいだろうという保育者の心理教育的アセスメント（第Ⅲ部のp.81 〜 83「（1）心理教育的アセスメント」参照）がありました。それは、先の面接の様子から、ユウタの母親に園や保育者への抵抗感がみられたため、外部の相談機関の方が安心して相談できるかもしれないと判断したこと、また外部だと他の保護者の目を気にする必要もなく、相談が進みやすいだろうこと、そして何よりも、母親もシングルマザーとして余裕がなく、家では問題はないと言いながらも、ユウタがあまりに言うことを聞かないと、ついぶってしまうことがあるのを保育者は心配していたことなどです。そこで、親子カウンセリングを受けることで、ユウタの問題行動の改善を図ると共に、母親のカウンセリングを通して、母親のつらい気持ちを表出する場にもしたいと、保育者は考えました。そして、この外部の相談機関に、担任として共に関わることで、ユウタの母親の信頼関係を築いていきたいとも思いました。

　母親は、ユウタのしつけがうまくいかず、最近では他の保護者から直接苦情も来るようになり、どうしてよいかわからなくなって悩んでいたので、保育者の提案を受け入れ、大学の心理教育相談室に通うことを自己決定しました。

　はじめに保育者が心理教育相談室の専任相談員である担当カウンセラーに相談に行き、今後の方針を話し合いました。そして、担当カウンセラーも親子カウンセリングの必要性を感じ、ユウタと同時に、別室で母親も別のカウンセラーからカウンセリングを受けることになりました。ユウタの担当カウンセラーは、子どもの攻撃性やペアレントトレーニング[1]に関する研究をしていて、ユウタの事例に適したカウンセラーと言えました。

　担当カウンセラーがユウタの初回面接をした結果、ケースカンファレンス[2]

に出した<u>ユウタの主訴 [3]</u> は、「落ち着きがない、集団生活になじめない、整理ができない、時々暴発的に怒りを表出する」でした。

カウンセリングは順調に進みました。ユウタには、「かっこいい子への道」と命名された SST [4] のプログラムを実施しました。集団行動で苦戦しているユウタに社会的スキルを身につけさせることで、相手の気持ちを理解したり、友だちが困っていたらどうするかを考えたり、いらいらしたときに暴力をふるわないで対処したりできるようにしたいと、カウンセラーは考えました。

並行して行われた母親のカウンセリングでは、これまで一人でがんばってユウタを育ててきた大変さや、言うことを聞かないユウタをついぶってしまい、自己嫌悪に陥ることや、他の保護者に文句を言われてつらい気持ちなど、これまで誰にも打ち明けられなかった自分の正直な思いを話すことができました。そして回数を重ねるうちに、自分のユウタに対する気持ちに余裕がなく、きちんと向き合えなかったこと、いつも時間に追われ、ユウタの主体性を大切にできなかったこと、ユウタの暴力的な行為が、離婚した父親の悪いところを見ているようで憎くなることがあったことなどに気づき、改善の兆しが見えるようになりました。

また、母親からの了解を得た上で、担当カウンセラーと保育者は、互いの情報を共有し合い、協力して問題の解決に向かうことができました。母親も、担任には言えない心の内をカウンセラーに話すことができ、しだいに落ち着いてきました。保育者も、ユウタへのかかわり方について具体的なアドバイスがもらえ、適切な援助ができるようになりました。

ユウタも、SST の効果が出てきて、少しずつ問題行動が減ってきました。

---

*1　保護者が子どもとのよりよいかかわり方や子育てについて具体的に学べるように支援するプログラム。子どもの成長と共に、親自身の成長、発達も図る。

*2　「事例検討会」「ケース会議」とも言われ、解決すべき問題や課題のある事例（事象）を個別に深く検討することによって、その状況の理解を深め対応策を考える方法（文部科学省, 2010）。

*3　クライエントが教育相談や心理療法を求める際にかかえている問題の中で、特に重要なもの（恩田・伊藤, 1999）。

*4　社会的スキル訓練。さまざまな社会的技能をトレーニングにより、育てる方法。文部科学省（2010）および第Ⅲ部の p.125 ～ 127「トピックス２」参照。

そして、保育者もそんなユウタのがんばっている様子を積極的にクラスの友だちに伝えた結果、友だちもユウタの努力を認めるようになり、ユウタはだんだんクラスの中に受け入れられるようになりました。

そんなクラスの雰囲気を見て、ユウタの母親にも心の余裕が出てきたようで、以前よりユウタの気持ちに寄り添うことができるようになりました。

これは、外部専門機関との連携で、問題行動が改善に向かった一例です。この事例のように、ユウタの母親が自らクリニックに向かったのも、保育者の提案で大学の心理教育相談室に通うようになったのも、どちらも外部専門機関との連携と言えます。

課 題

① この事例にみられる外部専門機関との連携について、どのように進められ、どのような内容だったかを、時系列に整理してまとめてみましょう。

② 自己抑制の難しいユウタの行動がどのようなものだったか、事例に書かれている行動や傍線部から考えてみましょう。

（6）幼小連携の観点から考える幼稚園時代の教育相談と守秘義務

子どもたちは解決すべきさまざまな問題を抱えながら、幼稚園から小学校へ進んでいきます。せっかく今いる園で解決の手がかりやその端緒がつかめたとしても、その後の指導のあり方によっては元の木阿弥になり、最初から教育相談をし直したり、場合によってはさらに困難な状況を呈したりすることになります。ここでの課題は幼小連携[*1]の問題ですが、この中でも秘密保持（守秘義務）をどのように理解するかが大きなポイントになってきます。

そもそも秘密保持とはどのような原則で、何を目的としているのでしょう

---

*1　幼児期から児童期にかけて連続的に成長する子どもが、滑らかに小学校生活に適応するように支援するための幼稚園（幼児教育）と小学校（小学校教育）の連携。

か。特に連携や協働をしながら指導に当たるべき園や学校では、この秘密保持の原則をどのように考えればよいのでしょうか。「チーム学校」[1] という観点が新しく出されてきた現状の下、第Ⅱ部の p.71 〜 72「（4）補論　秘密保持について」で詳述されている教育相談（カウンセリング）における秘密保持について、幼小連携の観点から具体的に考えてみましょう。なお、幼小連携については、第Ⅲ部の p.88 〜 89「〈2〉接続期における配慮」で説明しています。

ねらい

① 教育相談における秘密保持の原則について学ぶ。
② 幼小連携において、就学前の教育相談がどのように生かされるべきか、特に秘密保持の原則の観点から考える。
③ 上記①②の観点は、小中連携にも援用できることを展望する。

事例6　入学直後から問題行動を起こすヒロシ（小学校1年生）

　ヒロシ（6歳男児）は、小学校の入学式当日から、落ち着きのない行動をし、学級担任や周りの子どもたち、保護者たちを驚かせました。まず、入学式の最中に隣の子にちょっかいを出し、注意を受けます。教室に帰ってからは、皆が緊張して静かに座っている中で走り回り、他の子の真新しい校帽を3つ同時に高く投げ上げて大喜びしていました。担任が注意してもなかなか言うことを聞かず、後ろで見ていたヒロシの母親が思いあまって注意に来るほどでした。担任としても、ヒロシの小学校入学という晴れの日であるため、大勢の保護者が見ている中で、初日から強く叱ることもはばかられま

---

*1　平成27年中央教育審議会答申で「チームとしての学校」の重要性が示された。個々の教員が個別に教育活動に取り組むのではなく、組織として教育活動に取り組む体制を創り上げ、生徒指導や特別支援教育等を充実していくことが求められている。

した。

　大半の親子が下校した後、ヒロシの母親は担任のところに来て、ヒロシの行動を詫びて帰りますが、特にそれ以上の話はありませんでした。

　早速翌日には、入学式の日の担任の対応が甘いと、他の保護者から連絡帳で苦情が届きました。その後も、授業中に着席できない、身の回りの整理が全くできない、落とし物が激しい、衝動的に暴力をふるうなど、ヒロシの問題行動は続きました。

　そこで担任は、呼び出し面談の形でヒロシの母親を呼び、教育相談を進めることにしました。

理解と対応の実際

　このケースは、入学式当日からトラブルの絶えないヒロシの状況を見て、保護者と情報交換する必要性を感じた学級担任が、呼び出し面談の形をとって行った教育相談です。幼稚園から小学校への接続期に関わる問題である小1プロブレム[*1]という側面と同時に、幼稚園時代の教育相談との連携という点で考えていく問題でもあります。

　当初、担任としても、ヒロシは何か発達上の問題を抱えているのではないかと思いましたが、幼稚園からも母親からも、特に報告はありませんでした。ところが、この呼び出し面談時の母親の話から、ヒロシの問題行動を気にした母親が、入学前1年半に渡り、ヒロシのことを自治体の教育相談機関に相談していたことがわかりました。母親は、小学校入学を意識したころから、ヒロシの行動が学校生活に適応するか危惧していたものと思われます。

　では、なぜ、この情報が小学校に届かなかったのでしょうか。そこには、「職務上知り得た情報の秘密保持」という教育相談の原則があります。教育相談では、職務上知り得た相談者に関わるプライバシーや秘密を守り、他者にはもらさないことが求められます。必要があって、他者に情報開示をする場合

---

*1　小学校に入学したばかりの児童が落ち着いて教員の話を聞けなかったり、教室を歩き回ったりして授業が成立しない問題（文部科学省, 2010）。

には、相談者の同意を得なければなりません。子どもを適切に見守るために、職場の中で必要最低限の情報を共有することはあっても、職場の外にもらしてはならないとされています。また、外部専門機関にかかっていることがわかっていても、保育者が勝手にその機関に状況を聞くことは許されません。あくまでも、相談者の了解を得ることが必要です。

　小学校に一切の情報が届かなかったことから考えると、ヒロシの母親は、自治体の教育相談機関にかかっていることを幼稚園にも知らせず、担当相談員にも口外してほしくない意思を示していたものと思われます。そのため、教育相談にかかっていた事実も、発達上の問題があるだろうと思われることも、幼稚園や小学校に連絡がなかったのだと考えられます。₁₎また、母親自身が、ヒロシの入学時に問題行動を明るみに出すことへの抵抗があったのかもしれません。

　そんな母親が、入学後の呼び出し面談でこのことを担任に話したのは、もはや話さざるをえない状況に至ったと判断したのでしょう。そして小学校での適応を心配した母親は、その後、ヒロシにクリニックを受診させますが、その結果、ヒロシは AD/HD であると診断され、薬が処方されました。薬を服用したヒロシは、薬が効いている間は落ち着き、日頃できない机の中の整理をするなど、徐々に問題行動が改善されていきました。しかし、もともと投薬に不信感のある母親の判断で勝手に休薬するなど、処方通りに服薬ができず、ヒロシの問題行動は続くことになります。

　実は、この担任のクラスには、障害のある女児が入学することがわかっていて、自治体の教育相談機関や幼稚園から、ある程度の情報が入っていました。₂₎また、就学時健康診断の保護者面接に加え、再度特別に設けた小学校と保護者との面談でも情報が共有され、入学受け入れ前に、この女児に対する対策がある程度講じられていました。しかし、ヒロシについては情報が全くなかったため、入学式当日に担任が大変あわて、困惑する結果となりました。当然、本来であればさまざま配慮すべきであった女児への対応も難しい状況でした。また、事前にヒロシの情報があれば、クラス編成自体が考慮され、比較的問題のない他のクラスにヒロシを入れることにより、女児にもヒロシにも十分な対応が準備できたものとも思われます。

　秘密保持の原則は大切なもので、尊重されるべきものです。しかしながら、学校生活、幼稚園生活などの現場での対応を考えたときに、子どもに最善の利益があるように、柔軟な対応をすることも考慮されるべきであろうと、この事例が訴えているように思われます。外部相談機関、専門機関との情報共有については、あくまでも相談者の意思、意向を最大限尊重しつつ、その上でその子の最善の利益のために、教育相談に関わる者が、幼稚園や小学校の現場に最低限の情報を伝えることの意義を、誠意をもって相談者に話すことが望まれます。

　また、この事例は幼小連携における教育相談の問題ですが、小中連携においても同様の観点で考えていくことが重要であると考えられます。

　なお、発達障害ついては、第Ⅲ部の p.87 〜 89「⑥発達障害や"気になる"子どもへの理解」で説明しています。

課 題

① 教育相談における秘密保持の原則について書かれている部分を抜き出し、まとめましょう。

② 傍線部 1）と 2）の違いはどうして起こったのかを考えてみましょう。

③ 子どもの「最善の利益」とは何かを考え、秘密保持の原則を重視しながらも、就学前の外部相談機関や園が小学校現場とどのように連携すればよいか検討しましょう。

④ 小中連携における教育相談の問題でも、どのような点が大切かを、①〜③からまとめてみましょう。

（7）教師の専門性から、外部専門機関につないだ教育相談

　子どもの教育相談において、言葉の育ちに関わる相談は少なくありません。これらの相談の中には、事例5のように、外部専門機関と連携することで問題が改善することがあります。次の小学校1年生の事例では、言葉に関わる相談を通して、教師がどのように保護者を外部専門機関につなぎ、連携していったかを取り上げます。この事例をもとに、園や小学校が連携できる他の外部専門機関について調べていきましょう。

ねらい

① 教師の専門性の1つである保護者への支援における情報の提供という点で、外部専門機関につなぐことの意味を理解する。
② 子どもにかかわる教育相談が連携しうる外部専門機関には、どのようなものがあるかを知る。

事例7　「カ」行がうまく言えないワタル（小学校1年生）

　ワタル（小学校1年男児）は元気な男の子ですが、カ行がうまく発音できず不明瞭でした。担任の教師は、そのことが気になっていました。しかし、言葉の発達は個人差が大きいから、そのうちうまく言えるようになるだろうとも思っていました。

　ある日、下校時に、ワタルが大きい声で、友だちと遊ぶ約束をしていました。「3時に、トーエンで会おうね！」

　距離は離れていましたが、「トーエン」という言葉が、教師にもはっきり聞こえました。教師には「トーエン」がどこを指しているかわかりませんでしたが、相手の子から「うん、公園ね！」と返事があり、初めて「トーエン」が「公園」であることを知りました。子ども同士ではワタルの言葉は理解され、スムーズに流れていたのでしょう。

> 　教師は迷いながらも、外部専門機関である自治体の「ことばの教室」を母親に紹介しました。

理解と対応の実際

　これは、保護者から直接相談を持ちかけられたのではありませんが、教師が、その専門性から教育相談につなげ、外部専門機関と連携した事例です。

　教師には高い専門性が求められますが、それは、それぞれの教育内容を理解し、教師の役割を自らが責任をもって日々主体的に果たすことであると言えます。教育相談においては、幼児、児童と日常的に密接にかかわり、観察することで、保育者、教師が問題を早期発見し、早期対応ができることは、大きな利点であると考えられます。保護者が自発的に相談に来るのを待つのではなく、保育者や教師が小さな兆候（サイン）をとらえ、事案に応じて適切に対応することが可能となります。

　教育相談においては、言葉をめぐる相談は少なくありません。1歳半ごろには言葉の遅れに関する相談、3歳ごろには発音に関する相談が増加すると言われます。また、子どもの小学校入学を前に、言葉の発達を心配する保護者も増えるとみられます。

　具体的には、発音が不明瞭で理解できない、発音が上手にできない、言い間違い、乱暴な言葉遣いなどの乳幼児期によくみられるものから、発達の遅れを疑われるものまでさまざまです。保育者、教師は、多くの子どもにかかわり、高い専門性があることから、言葉の遅れなどに気づきやすいため、適切に対応することが求められます。また構音障害など、専門的な指導を受けることで比較的短期間で改善するものもあり、必要に応じて外部専門機関の「ことばの教室」「きこえとことばの教室」などを紹介することも、保育者、教師の専門性の1つと言えるでしょう。場合によっては、難聴や、舌やのどの形態異常などの可能性もあり、病院の受診が必要なケースもあります。子どもにとっての最善の利益を考慮し、外部専門機関と連携をとることが必要かどうかを判断するのも、保育者、教師に求められる専門性と言えます。そこで根拠もなく「大丈夫ですよ。」などと言ったり、必要以上に保護者の不安をあおったりするのは、保育者、教師の専門性からは不適切な対応と言え

ます。

　ワタルの事例では、教師は、「トーエン」が個人差の範囲のものなのか、かえって意識させることで悪い影響が出るのではないかなどと、まず迷いました。しかし、小学校1年生の段階で「カ」行の発音が不明瞭である点を考慮し、ワタルの母親に話してみました。

　教師は、はじめ、母親が気を悪くするのではないかと心配していましたが、実際には、母親もワタルの発音を気にしていたことがわかりました。そして、教師は「お母さんも気になっていたんですね。専門的に訓練すればすぐに改善することがありますので、自治体の『ことばの教室』に通級して指導を受けてみませんか？」と提案しました。ここで大切なのは、「あなたのお子さんは発音が悪いから通級しなさい。」と指示するのではなく、教師としては情報を提供する姿勢で臨み、保護者の希望や選択を尊重して、保護者や子どもの自己決定を支援することです。これは、保護者や子どもが自らの力で問題を解決できるようになるために、とても重要なことです。

　すると母親は、その日のうちに「ことばの教室」に電話をし、予約を入れました。そしてワタルは、母親と一緒に「ことばの教室」に通い、ホームワークとして出される練習も欠かさず、一生懸命がんばりました。その結果、半年ほどでワタルの不明瞭な発音は改善されました。

　2年生に進級するころ、ワタルが友だちに「あとでコーエンでね！」と明瞭な発音で話しているのを聞いて、教師は、迷ったけれどやはり問題として取り上げてよかったとつくづく思いました。また、母親からも、「あのとき、『ことばの教室』を紹介してもらって本当にありがたかった。」と言われました。

　子どもに関する問題は、いつも保護者から相談されるとは限りません。保育者や教師がその専門性から問題を発見し、タイミングと言葉を選んで教育相談の土俵に乗せ、適切に情報を提供することによって問題を解決することは、とても大切なことです。

　外部専門機関には、この事例にみられる自治体の「ことばの教室」以外にもたくさんあり、必要に応じて適切な連携を図ることが、問題解決につながります。園や小学校の段階での連携としては、①医療機関、②児童福祉機関、

③児童相談所、④ NPO、⑤教育相談に関する機関などがあります。

課 題

① この事例で、どのように外部専門機関との連携が図られ、どのような結果となったかを、具体的にまとめてみましょう。

② 幼稚園、小学校の段階で連携する外部専門機関について、第Ⅲ部の p.87 〜 89「⑥発達障害や "気になる" 子どもへの理解」や文部科学省（2010）の「第5章第4節 スクールカウンセラー、専門機関等との連携」「第8章第2節 学校を中心とした家庭・地域・関係機関等との連携活動」などを参照して、調べてみましょう。

トピックス ① 構音障害

　構音障害は、言語障害の1つで、正しい発音ができない障害である。

　小さい子どもが不明瞭な言葉を発するのは、言葉を発音する機能が発達している途中であり、構音障害とは異なる。しかし、たとえば小学校に入学するころになっても、まだ「サ」行の音が「タ」行の音に置き換わってしまうように、成長しても発音が正しくできない場合には、構音障害の可能性が指摘される。

　構音の発達は、およそ5〜7歳くらいまでに完成すると考えられる。言葉の発達には個人差があるが、おおむね、次のような発達をすると言われる。

年齢	完成する構音
2歳台	母音(アイウエオ)、「マ」行、「ヤ」「ユ」「ヨ」「ワ」「ン」、「バ」行、「パ」行
3歳台	「タ」行、「ナ」行、「ガ」行、「ダ」行、「チャ」行
4歳台	「カ」行、「ハ」行
5歳台	「サ」行、「ラ」行、「ザ」行
6〜7歳	ほぼ正常な構音の完成

（長野県立こども病院 口唇口蓋裂センター〈2013〉を参考に作成）

　構音障害の原因としては、口や舌などの構音器官の形態異常、病気の後遺症、聴覚や発達の障害によるものなども考えられ、医療機関の受診や訓練が望まれるが、子どもの場合は、年齢相応の発達を考慮して診断される。

　多くの自治体には、言語障害のある子どもを対象にした通級指導学級がある。子どもの構音障害は、専門機関での訓練により正しく発音できるようになることも多い。また、周囲の大人が構音障害に理解を深め、コミュニケーションを支えることも大切である。

（8）教育相談事例から発展して、クラス全体で取り組んだ試み

　教師が教育相談を進める際には、保護者との信頼関係構築のために、カウンセリングの基礎知識、基本姿勢、技術などを身につけておくことが必要となります。また、教育相談の新たな展開として、教育相談で必要な人間関係を養うために、子どもに実施できる新たな手法が文部科学省からも紹介されています[1]。事例8は、そのうちのソーシャルスキルトレーニング（SST）[2]について、小学校2年生の担任の教師が主導してクラス単位で実施した集団SSTの例です。小学校低学年においてSSTを実際にどのように実施し、結果としてどのように教育相談を進めていったかを考察していきましょう。

ねらい

① 子どもの社会性（仲間関係）の発達について、事例のさまざまな子どもたちの育ちの姿から学ぶ。
② さまざまな社会的技能を育てるために行ったSSTについて、具体的に学ぶ。

事例8　小学校低学年におけるSSTの試みを通して、社会性が育ったクラス（小学校2年生）

　この教師が担任を務める小学校2年生のクラスは、元気いっぱいで全体的には素直で明るく和やかな雰囲気ですが、攻撃性の高い児童らによる些細なトラブルが日常的に起こります。その子どもたちは、自分勝手な論理で衝動的に暴力行為におよんだり、不満があると自分を抑えられずに暴言を吐いたりします。教師は日々、それらの個別のトラブルの対応に追われていました。

　ある日、カズヤ（小学校2年男児）の母親から、「昨日、休み時

---

[1] 文部科学省, 2010
[2] SSTについては、p.106～110「事例5」、p.125～127「トピックス2」参照。

間にカズヤがサッカーをして遊んだ後、ボールの片付けをめぐって
ヤマト（小学校2年男児）とけんかになり、顔をたたかれた。ヤマト
は泣いているカズヤを気にする様子もなく、教室に帰ってしまっ
た。これまでもヤマトには、うさぎの世話をしていて急に蹴られた
り、気に入らないことがあるとものさしでたたかれたりして、とて
もいやな思いをしている。」という相談を受けました。カズヤの母
親は、以前からもこのようなことがたびたびあり、最近カズヤがヤ
マトを怖がって学校に行くのをいやがるようになったので、心配に
なり相談することにしたと話しました。

理解と対応の実際

　カズヤのクラスには、<u>衝動的にカッとなりやすく興奮するヤマト、友だち</u>
<u>にいやなことをされても自分の気持ちを伝えられずにすぐ泣くカズヤ、仲よ</u>
<u>しの限られた友だちとは遊べるが他の子には自分を表現できない引っ込み思</u>
<u>案のアカネ</u>など、さまざまな子がいます。担任の教師も、個別の事案の対応
に追われながら、クラスの状況をどうにかしたいと思っていました。その都
度、個別にヤマトに指導しても長続きはせず、一見おとなしく問題のないよ
うに見えるカズヤやアカネについても、もう少し自己主張ができるように
なってほしいと願っていました。

　一方、ヤマトのような子どもたちに対して、ある程度の主張ができ、友だ
ちからの信望の厚い子もいます。その子たちは、友だちが困っていると助け
たり、心配したりすることができます。ヤマトたちが引き起こすトラブルに
対して、低学年なりに批判的な見方ができ、時には仲裁に入ることもできま
す。ヤマトたちに厳しい反面、彼らの小さな好ましい言動を素直にほめるこ
ともできます。まだ低学年の時期であるので、これらの向社会的な子どもた
ちにも自己中心的なところはありますが、よきリーダーとして育ちつつあり
ます。

　そこで教師は、低学年としての望ましい社会性をすでに備えつつある子ど
もや、自己抑制ができずに衝動的に行動してしまう子ども、主張性の低い子
どもなどに対して、それぞれに応じた社会性を育て、伸ばしたいと考え、ク

ラス全体でSSTに取り組むことにしました。それにより、クラス全体の社会性をさらに伸ばしたいとも考えました。

　まず教師は、SSTのターゲットスキルとして、クラスで伸ばしたいスキルを次の7つに絞り、抽出しました。

> ① 「あやまる」（共感性や攻撃性の適正化）
> ② 「あたたかい言葉かけ」[1]（共感性）
> ③ 「他人の気持ちを理解する」（共感性）
> ④ 「他人を手助けする」（適度な主張行動）
> ⑤ 「不満を伝える」（向社会的行動、共感性、適度な主張行動
> 　　　など複合的に高められるもの）
> ⑥ 「友だちを擁護する」（⑤に同じ）
> ⑦ 「非難への対処」（⑤に同じ）

　そして、これらを全8週にわたり、週1〜2回のペースで実施しました。時間は、道徳、学級活動などの通常の時間内で行い、1回に1スキルを実施しました。子どもたちに過度の負担がかからないように、セッション間はある程度の時間的な間隔を確保して行いました。また、SSTの全セッションのテーマは、各セッション終了時に教室掲示用のカードで提示し、日常生活での強化を図るようにしました。

　クラス単位による集団SSTは、小学校中学年以上で実施されることが多く、その効果も認められていますが、小学校低学年での集団SSTは実施が困難だと言われています。しかし、このケースの集団SSTは、低学年の子どもたちに非常に適していたように思われます。それは、担任である教師が実施したことで、クラスの子どもたちに適したスキルを、適した形で用意できたので、子どもたちが楽しく取り組めたことも一因だと言えます。また、中には、各セッションで学んだことを日常生活ですぐに生かして実践する子どもたちも多くみられ、SSTの効果をさらに高めることとなりました。

---

[1]　p.127「SST実施例『あたたかい言葉かけ』」参照。

　SST実施期間中は、低学年なりの些細なトラブルはもちろんありましたが、教師は、以前のような暴力や身勝手なけんかが少なくなった印象をもちました。

　これらの試みを継続した結果、子どもたちに、次のような変化がみられました。

　○ボールの取り合いでもめそうになった時に、ヤマトが、自ら譲ることができました。

　○「けんかになりそうだったけど、がまんできた。」と教師に報告に来る子が出てきました。

　○引っ込み思案のアカネが、以前よりも多くの子と遊べるようになりました。それは、アカネが一人でいると誘う子が出てきたこと、アカネも少しずつ「入れて。」と言えるようになったことなどが理由として考えられます。

　○自己主張ができなかったカズヤが、「不満を伝える」のSSTの後で、ボールをヤマトに取られそうになったときに、小さな声で「やめて。」と言えました。

　ただ、これらの言動は一定期間は続くものの、長期間におよぶ効果については難しいとも言われています。そのため、日常の教育活動の中で、適時繰り返していくことが求められます。

　集団SST実施のきっかけとなったカズヤの母親には、教師がこれらの試みについて簡単に説明し、子どもたちの成長を、長い目で一緒に見てほしいと話しました。また、クラス全体の保護者にも、保護者会の機会を通して説明し、理解を求めました。保護者は、SSTについては子どもたちから聞いていて、子どもたちが楽しみながら意欲的に取り組めていたことを知っていたので、温かく見守ってくれました。

　ヤマトの暴力行為が減り、クラス全体も落ち着いてくると、カズヤも元気を取り戻し、楽しそうに登校するようになりました。また、カズヤの母親も、そんなカズヤを見て、安心して見守ることができるようになりました。

　SST の効果はあったと思われますが、さらに日常の生活場面への般化[1]、維持の問題や、ヤマトのような攻撃的な子どもには小集団 SST の実施も検討すべきであることなど、課題は残されました。

　しかしながら、保護者の教育相談をもとに、日頃から問題意識をもっていた教師によってクラス全体で取り組んだ SST の実践が、結果として相談内容で扱った問題の改善に寄与したという点で、評価されるものと思われます。

課 題

① SST を実施したことにより、<u>傍線部の状態の子どもたち</u>がどのように育ちつつあるか、またそれによってクラス全体がどのように変わったかについてまとめてみましょう（なお、社会性の発達については、第Ⅲ部の p.83 〜 86「①情緒的発達」「②社会性の発達」「③向社会性と認知発達」、p.86 〜 87「⑤道徳性の発達」で詳説しています）。

② この事例における SST がどのように進められたかを、具体的に抜き出し、整理してみましょう。

---

[1]　広義には、学習された反応が、何らかの共通特性を持ったまったく別の刺激や場面に対しても維持される現象。学習の転移とも呼ばれ、限られた学習経験を他の場面に応用するために大切な働きである（恩田・伊藤〈1999〉より抜粋および一部変更）。

トピックス **2**　SST

　1990 年代半ばから、「学級崩壊」という言葉が登場し、小学校低学年でも急速にその傾向が現れ始めた。それに対して、教育現場ではさまざまな取り組みがなされてきたが、ソーシャルスキルトレーニング（Social Skills Training: SST）もその 1 つであり、子どもの対人関係の改善をめざして実施されている。

　SST は、神経症から起きる問題行動を改善するために開発されたものである。欧米では 70 年代から教育の領域でも積極的に取り組まれるようになり、問題行動の改善には応用が利き、その効果にも定評がある。日本では、怒り、泣くなどの情緒不安定をおさめる個別対応方法や、小集団での引っ込み思案の問題行動に応用する手法も、80 年代から研究者を中心に開発され、最近では学級集団での取り組みも盛んに行われている。

　ソーシャルスキルとは、「人とやり取りする場面で他者にとっても自分にとっても望ましい結果をもたらす社会的行動」であると言われる。グレシャム（Gresham, F. M.）は、従来のソーシャルスキルの定義を概観し、①仲間からの受容による定義、②行動的定義、③社会的妥当性の定義の 3 種類に大別した。①では、学校やコミュニティーで仲間から受け入れられ、人気のある者がソーシャルスキルを備えた人物と規定される。②では、ソーシャルスキルは、「強化が維持される確率を最大にし、罰が伴う確率を最小にする場面特殊的な社会的行動」と定義され、かなり多くの研究者がこれを採用している。③では、「特定の状況において、子どもにとって重要な社会的結果を予測する社会的行動」とされ、①と②を合わせたものと位置づけられる（Gresham, 1986）。

　学校現場では、小集団 SST が多く行われ、効果を上げている。また、最近特に盛んに実践されるようになったのが、クラスを 1 つの単位として行われる集団 SST であり、これによって、小集団 SST では解決できなかった問題のいくつかが解決できると考えられている（金山ほか，2000）。これらの実践は、対象を主に小学校中学年以上にしたものが多いが、小学校中学年以降では、評判の偏りや徒党の形成が顕著になり、仲間の社会的受容を得るこ

とが困難になるため、それらの問題が仲間集団の中でまだみられない低学年や幼児への実施も効果が期待され、意義も大きいと指摘されている。

　幼児を対象にしたSSTは、多くが小集団SSTであるが、幼児を対象に集団SSTを試みた研究もみられる。保育所年中児1クラスを対象に、「適切な働きかけ」「適切な応答」をターゲットスキルとして実施した集団SSTでは、般化を促進させるために、教室でのSSTと自由遊び場面でのSSTを交互に行い、効果が認められている（金山ほか，2000）。

　しかし、SSTに対しては、近年いくつかの課題も指摘されている。主なものは、日常の生活場面への般化や、SSTの最終目標である仲間関係の改善の達成などである。

　これに対して、清水（2013）は、幼児への集団SSTの効果が長期的に持続するかについて研究し、トレーニング実施1年後にも持続しているかどうかを検討した。遊び行動が並行遊びから協調遊びへと移行する幼稚園年中児26名に対し、「仲間の入り方」「仲間の誘い方」「あたたかい言葉かけ」「応答」をターゲットスキルとしたSSTを3週間実施した。その結果、1年後に応答の頻度や協調遊びが増加し、孤立行動が減少する結果を得、効果の持続が確認された。また、男児の問題行動の改善も示された。

　米国でも、SSTをさらに広い概念でとらえたソーシャル・コンピテンス・トレーニングという、攻撃性のある子どもへの攻撃性低減プログラムや、思いやりを育てるプログラムなども開発されている。

（橋本〈2004〉より抜粋）

SST 実施例「あたたかい言葉かけ」

ねらい：あたたかい言葉とは何かを知り、あたたかい言葉をかけられる体験を通して、そのよさを味わい、あたたかいメッセージの送り方の練習をする。

あたたかい言葉かけ	
＊場面設定＊みんなでリレーの練習をしているときに、かけっこの苦手なたろうくんがバトンを落としてしまい、負けてしまった。同じチームのケンちゃんが「たろうくんのせいで負けたんだ。」と言い、たろうくんはしょんぼりしてしまう。	
インストラクション	①教師の作った紙芝居で問題場面を提示する。 ②教師が、あたたかい言葉をかけられるとうれしくなったり元気が出たりすることを教示する。
モデリング	③言われてうれしい言葉○、悲しくなったりくやしくなったりする言葉▲を考える。→どんな言葉をかけてもらえたらうれしいか話し合わせる。 　▲「たろうくんのせいで負けたんだ！」 　▲「なんでバトンを落としたんだよ！」 　▲「たろうくんが遅いからだ！」 　○「まあいいか。次のリレーでがんばろうよ。」 　○「たろうくんだって一生懸命走ったんだからいいよ。」 　○「今度はもっと練習しようよ。」 ④子ども1組のロールプレイを行う。→教師によるフィードバックを行う。 ⑤日常生活で、あたたかい言葉をかけられた経験を発表させる。 ⑥あたたかい言葉をかけられるとうれしくて元気になること、あたたかい言葉かけは「（あったこと）＋自分の気持ち」で伝えるとよいことを教示する。
リハーサル	⑦2人組になり、全員があたたかい言葉かけのロールプレイ（役割を交替する）を行う。
フィードバック	⑧話し合いにより振り返らせる。 ⑨教師によるフィードバックを行う。
般化	⑩日常活動で類似の事件が起こったときに応用するように教示する。

（橋本〈2004〉より抜粋）

（9）中学校移行に困難を抱えた生徒への教育相談（不登校）

　中学生の不登校は、中学1年生の長期休み（夏休み）明けに始まることが最も多い[*1]と言われています。不登校は1980年代半ばから取り上げられることが多くなり、多くの調査研究も行われてきました。文部科学省による追跡調査の最終報告[*2]によれば、不登校のきっかけとして、「友人との関係」52.9%、「生活リズムの乱れ」34.2%、「勉強が分からない」31.2% と報告されています。また、不登校の継続理由からの傾向分析として、「無気力型」（40.8%）、「遊び・非行型」（18.2%）、「人間関係型」（17.7%）、「複合型」（12.8%）、「その他型」（8.7%）の5つと類型化されています。不登校のきっかけや継続理由は多様化しており、その支援が容易ではない場合も少なくありません。学級担任だけでなく教員集団や学外の専門機関等と連携・協力していくことが求められていますが、その支援、特に長期欠席に到る予兆段階を含めた初期対応に関して、学級担任が中核的で重要な役割を果たします。

ねらい

① 小学校から中学校への移行に関して、緊張や不安等を抱える生徒への支援のために、入学当初から折にふれてのアセスメントが必要であることに気づく。
② 下記の事例を通して、登校刺激の適切性について検討する。
③ 不登校が顕在化する以前の、予防的な対応・支援に焦点をあてて考えることの重要性に気づく。

---

*1　一般に中1デビューと言われている不登校の場合。
*2　平成18年度に中学校第3学年に在籍し、学校基本調査において不登校として計上された者（約4万1千人）を対象とした、5年後の状況等についての追跡調査の報告書（不登校に関する調査研究協力者会議, 2016）。

事例9 　　不登校—夏休み明けからの欠席が続くシンイチ

　2学期に入ってシンイチ（中学1年生男子）の欠席が続いていました。シンイチは元来まじめで几帳面な性格であり、中学校に入学して1学期には目立った遅刻や欠席はありませんでした。成績は中位、各科目の授業中の態度等、生徒指導上も友人関係等にも特別な問題もみられませんでした。ところが、夏休みが終わり2学期が始まると、突然欠席が始まりそのまま登校しなくなってしまいました。

　母親からクラス担任への当初の電話連絡では、朝起きてこない、2階のシンイチの部屋に起こしに行っても布団にもぐり込んで頑として出てこないとのことでした。数日後の母親との面談によれば、欠席の原因について思い当たることがない、昼ごろまでぐずぐず寝ていることもあり、どこか身体の調子でも悪いのか、何か学校に行きたくない理由があるのか等と問いただしても何も答えないとのことでした。

理解と対応の実際

　2学期初日と翌日は、シンイチの母親から体調不良のため欠席との電話連絡が入り、特に病気というわけではないにもかかわらず登校しようとしないことを担任が知ったのは、欠席3日目の電話でした。地元の公立小学校から同じ地元の公立中学に入学していたシンイチは、小学校時代からの友だちもいて、学業上にも特に困難を抱えている様子はなく、入学後の1学期間は平穏に中学校生活を送っているように感じていました。

　突然の欠席に戸惑った担任は、急ぎ、まず母親に来校を願い、家庭でのシンイチの様子を詳しく尋ねることにしました。学級担任がいきなり家庭訪問することが強い登校刺激[*1]となることを懸念してのことです。面談時の母親

---

*1　登校刺激について、かつて忌避されていたことがあるが、適切な登校刺激の重要性が言われている。

の話では、以前（1学期）にも時には朝起きてこないことはあった、階下から声をかけたり、それでも起きないときには、2階のシンイチの部屋まで起こしに行くことはあったが、今回のようにテコでも起きないという態度を示すことはなかったとのこと。ただ、完全に自分の部屋に引きこもっているわけでもなく、食事に下りてきてそのままリビングでテレビを観ていたり、家族と共用のパソコンに向かっていたりすることもあり、どうして学校に行かないのか全く理解できないとのことでした。担任も1学期のホームルームや授業中などのシンイチの姿を思い出しましたが、やはり原因が思い当たらず、しばらく様子をみることを話し合いました。

　欠席の状態が長期化してしまうと、生活リズムも乱れがちで学校への復帰が難しくなると言われています。担任は、当初から学年会議*1でシンイチの状況を報告し、学内の教育相談室を週1日担当するスクールカウンセラーにも相談していました。一度はスクールカウンセラーと母親との面談が行われましたが、それ以後、母親の都合があわずそれきりになってしまいました。学年会議でもこれといったアドバイスや妙案も得られず、担任は日々の授業や部活動その他の業務等に追われる中で、家庭に電話を入れてシンイチの様子を尋ねるに留まっていました。いっこうに登校する素振りがみえず、だんだんと昼夜逆転の生活になりつつあること、学校に行かないことを叱ったり、中学校を卒業しないと高校にも行けないと諭したりしていた母親や、静かに見守っていた父親も、理由も全くわからないまま欠席日数がかさみ、どうしたらよいのか頭をかかえていることが母親の電話からうかがえました。

　担任は、当初、家庭訪問が登校刺激となってシンイチの心理的負担を増すことを懸念して、あえて家庭訪問を控え、母親に来談を願ったり、電話についても「先生から電話だけれど出る？」とだけ伝えてもらうように頼んだりしてきました。けれども全くシンイチとかかわることができず、このままでは不登校状態が習慣になって再登校の機を逸してしまうのではないかという焦りが募っていきました。

　そこで、少しでも接触できればと一縷の望みを託して家庭訪問を試みまし

---

*1　各学年担任団で行われる会議。

た。すると、わざわざ来てくださったのにという気遣いからでしょう、母親は階下から何度もシンイチを呼び、それでも返事もしないシンイチに業を煮やして部屋まで呼びに行きました。母親が強引にシンイチの部屋に入って行くと、シンイチの顔色は蒼白になっていたとのこと。家庭訪問の前に、シンイチの思いや意志を尊重して決して無理強いされないよう母親に伝えておくべきであったと後悔しました。結局その日、シンイチと言葉を交わすことも、まして会うこともできませんでした。1学期、クラス担任や教科担当としてのシンイチとの関係は悪くはなかったと思い返されるのだが、気づかないうちに何かシンイチをひどく傷つけるようなことでもあったのだろうかと自問しつつ、今後の対応について考えあぐねる日々でした。

　そんなある日、学内の教育相談担当[*1]と落ち着いて話しのできる機会[*2]を得ました。シンイチの休み初めから今日に到るまでの状況等について、また、担任として追い詰められていくような焦燥感を覚えることがあること等も打ち明けることができました。この時、何か具体的な助言を得たわけではありませんが、入学からこれまでのシンイチの様子[*3]や自身のかかわりについて自分なりに整理できたように感じました。

　そうした振り返りの中で、母親から聞いたエピソードがふと思い出されました。シンイチはもともと兄弟と比べて慎重でやや神経質な面があって、1学期の中間や期末のテスト期間は随分ピリピリして、たびたび腹痛を起こしたり、まとまってテストがあるから大変だとため息をついたりしていたとのこと。授業にまじめに取り組み、成績上も問題のないシンイチに、そのような体調に変化の現れるほどの緊張状態があったことに改めて気づかされました。担任がほぼ全教科を担当する小学校と異なり教科担当制となることをはじめとして、入学当初は小学校と中学校のさまざまな学校文化の違いに戸惑う生徒は少なくないでしょう。特にいくつもの科目のテストが集中して実施

---

*1　公立中学の場合、校務分掌上、進路指導部や生活指導部に教育相談担当が置かれている学校もある。
*2　このように支援の対象となる生徒をめぐって、役割の異なる者等が相談・検討の話し合いをすることをコンサルテーションという。
*3　アセスメントについては、p.81～83参照。

されるテスト期間は、学校移行上の大きな変化と言えます。入学後の初めての中間テストは、まじめで几帳面なシンイチにとって緊張の連続であったでしょうし、こうしたものが不登校の予備群[*1]の実態と言えるかもしれません。担任としてシンイチの不安や緊張に1学期の早い段階で気づき、何らかの支援をすべきであったと反省させられました。1学期は何とか乗り切ったものの夏休みという長期休業期間で息切れし、2学期の始まりは高いハードルとなってしまったのではないか、一度、欠席状態が長期化すれば回復はなかなか困難と言われていますが、それが今まさしくシンイチの状態と思われました。

　学習の遅れも心配されるが、それよりもまずは少しでも学校とのつながりを持てるよう、1学期の復習の範囲でシンイチが一人でも取り組みやすそうな教材プリントを用意して届け、気が向いたら取り組んでみるように伝えてもらうよう母親に頼みました。時には、シンイチと特に仲のよかった生徒に託して持って行ってもらうようにしました。相変わらず、直接担任や友だちに会うことはしなかったシンイチですが、時々プリントで勉強していることもあるようだと母親から告げられました。しばらくしたある日、「渡して。」とだけ言って母親にプリントを差し出したとのこと！早速、答え合わせをして、シンイチの間違っていた箇所には正答と解説や解法のヒントを書き込み、翌朝、出勤前にシンイチ宅に届けました。その後、やはり母親を通してではありますが時々シンイチからプリントが戻ってくるようになりました。間接的ながらなんとかシンイチとかかわりができたと感じられるようになった11月も終わろうとするころ、思い切って、プリント用紙の余白に、冬休みに入って部活動等で登校する生徒もいない日を見計らって、学校で一緒に勉強してみないか、と書き添えました。そのことについては、シンイチから全く応答がありませんでしたが、数日後、別のプリントの片隅に学校に行ってみようかと思う、という意味の走り書きをみつけました。わき上がるようなうれしさとともに、このことを端緒として学校での生活が再開できるように何とか支援したいと強く願いました。2学期ほぼ全欠席となってしまったシ

---

*1　登校回避（忌避）感情を有する者。

ンイチにとって再登校にはたいへんな緊張を伴い、それを克服するだけのエネルギーが必要でしょう。担任としてそれを支えられるようにいっそう慎重なかかわりが必要であることを肝に銘じました。

課題

① 入学当初からのシンイチの状況に関する担任のアセスメントについて、時系列に沿って整理してみましょう。

② 担任のシンイチや保護者へのかかわりに伴う登校刺激について抜き出して整理し、その適切性について検討してみましょう。

③ 小学校から中学校へのスムーズな移行に配慮した入学時のオリエンテーションのあり方や、長期休業（特に、入学後初めての夏休み）中の支援方法について考えてみましょう。

④ 不登校の初期対応の重要性が言われていますが、2学期が始まってシンイチの欠席が顕在化する以前の、1学期の段階での予防的な支援・かかわりについて、具体的な支援方法を考えてみましょう。

文　献

○引用ページを示したものは〈引用文献〉、それ以外は〈参考文献〉とする。

○各文献の第1著者の姓のアルファベット順とする。

○同一著者の同一年の文献は、西暦の後にアルファベット小文字を付して区別しているが、もともとは1つだった文献リストを2つに分けたため、〈引用文献〉〈参考文献〉の中でaからの順になっていない場合がある。

〈引用文献〉

- Gelso, C., & Fretz, B. (2001). *Counseling psychology* (2nd ed., p. 22, pp. 6-10). Belmont, CA: Thomson Wadsworth.（ジェルソー，C. L.・フリッツ，B. R.　清水里美（訳）(2007). カウンセリング心理学　(p. 21, pp. 6-10)　ブレーン出版）

- Gresham, F. M. (1986). Conceptual issues in the assessment of social competence in children. In Strain, P. S., Guralnick, M. J., & Walker, H. M. (Eds.), *Children's social behavior: Development, assessment, and modification.* (pp. 143-179). New York: Academic Press.

- 長谷部比呂美 (2013). 仲良く遊びたい子ども―社会性の発達を支える―　子どもと発育発達（日本発育発達学会），11(3), 177-179.

- 長谷部比呂美・池田裕恵・日比曉美・大西頼子 (2015). 保育者評定による最近の幼児に見られる変化―小1プロブレムの背景要因―　淑徳短期大学研究紀要, 54, 31-48.

- 一丸藤太郎 (1994). 教育臨床研究の動向　教育心理学年報, 33, 112-119.

- 今田里佳 (1998). 効果的な援助のためのチームづくり―コンサルテーション―　高野　清純・渡邊弥生（編）　やさしい心理学―スクールカウンセラーと学校心理学―　(pp. 143-168)　教育出版

- 今西一仁 (1998). 交流分析を生かした育てるカウンセリングの試み　月刊学校教育相談（ほんの森出版），1月増刊号, 102-111.

- 石隈利紀 (1993a). 障害児教育における個別教育プログラム（IEP）の意義と課題―一人ひとりの教育ニーズに応じる教育を目指して―　障害児教育かながわ, 21, 4-11.
  【以下の石隈論文の大野による紹介】大野精一 (1996).　　学校教育相談―理論化の試み―　(pp. 97-104)　ほんの森出版

- 石隈利紀 (1993b). LDの援助システム―スクール・サイコロジストの立場から―　LD（学習障害）―研究と実践―, 1, 53-62.

- 石隈利紀 (1994). IEP（個別教育プログラム）に基づく教育を実践するために―教師のスキル向上と学校の支援体制の整備をめざして―　神奈川県第二教育センター研究報告書（サポート），1, 47 - 51.

- 石隈利紀 (1995). 連載　学校心理学―学校心理学とスクール・カウンセラー―　指導と評価（図書文化社），41(5), 47-51.

- 石隈利紀 (1996). 学校心理学に基づく学校カウンセリングとは　カウンセリング研究, 29, 226-239.

- 石隈利紀 (1997b). スクール・カウンセリングの展望―指導と援助の統合をめざして―　児童心理（金子書房），51(11), 117-125.

- 石隈利紀・小泉英二・大野精一 (1997). 学校教育相談・誌上研究会―「作戦会議」に使う

「援助シート」の効果— 月刊学校教育相談（ほんの森出版），12 月号，82-90.

• 金山元春・日高 瞳・西本史子・渡辺朋子・佐藤正二・佐藤容子 (2000). 幼児に対する集団社会的スキル訓練の効果—自然場面におけるコーチングの適用と訓練の般化性— カウンセリング研究，33, 196-204

• 片野智治 (1992-1993). 連載 開発的教育相談の実践 月刊学校教育相談（学事出版），5 月号，88-93; 6 月号，50-55; 7 月号，50-55; 8 月号，92-97; 9 月号，50-55; 10 月号，50-55; 11 月号，50-55; 12 月号，50-55; 1 月号，50-55; 2 月号，50-55; 3 月号，90-95.

• 小林純一 (1979). カウンセリング序説—人間学的・実存的アプローチの一試み— (p. 104, p. 102) 金子書房
【上記の大野による紹介】月刊生徒指導（学事出版），1998 年 8 月号，30-31.

• 小泉英二 (1987). 学校におけるカウンセリングの実際—その具体的手法と実施上の問題点— 児童心理（金子書房），41(8), 17-23.

• 小泉英二 (1989).「カウンセリング・マインド」の意味 月刊学校教育相談（学事出版），10 月号，6-11.

• 國分康孝 (1994). 学校カウンセリングへの三つの提言 こころの科学（日本評論社），58, 14-16.

• 近藤邦夫 (1995). スクールカウンセラーと学校臨床心理学 村山正治・山本和郎（編） スクールカウンセラー —その理論と展望— (pp. 12-26) ミネルヴァ書房
【上記全体の大野による本の紹介】月刊学校教育相談（ほんの森出版），1996 年 1 月号，44-45.

• 栗原慎二 (1993). 川口青陵高校での 9 年間の教育相談活動 月刊学校教育相談（学事出版），11 月号，28-39.

• Kurpius, D. J., & Fuqua, D. R. (1993). Introduction to the special issues: Consultation. *Journal of Counseling & Development, 71*, 596-597.
【上記を含む特集の大野による本の紹介】月刊学校教育相談（学事出版），1993 年 10 月号，42-43.

• 松原達哉 (1988b). はしがき 松原達哉（編） 学校カウンセリング講座 第 2 巻 学校カウンセリングの組織と運営 (pp. 3-5) ぎょうせい

• 松原達哉 (1994). 学校カウンセリングの必要性 松原達哉（編） 学校カウンセリングの考え方・進め方 (pp. 4-5) 教育開発研究所

• 松田孝志 (1997). 現代高校生における居場所の内包的な構造 筑波大学大学院教育研究科修士論文（未公刊）

• 水上和夫 (1994-1995). 連載 学級経営に構成的グループ・エンカウンターを生かす 月刊学校教育相談（学事出版，8 月号よりほんの森出版），4 月号，72-77; 5 月号，110-115; 6 月号，72-77; 7 月号，72-77; 8 月号，112-117; 9 月号，72-77; 10 月号，72-77; 11 月号，72-77; 12 月号，72-77; 1 月号，74-79; 2 月号，72-77; 3 月号，114-119.

• 文部科学省 (2010). 生徒指導提要 (p. 102, p. 109, p. 46, pp. 118-126, pp. 212-217) 教育図書

• 長岡利貞 (1998a). 公的電話相談機関の諸問題 広島大学教育実践総合センターいじめ防止教育実践研究，2, 55-69.

• 中村 健 (1997). 生徒と家族の危機に学校がはたした役割 月刊学校教育相談（ほんの森出版），12 月号，10-13.

- 中原美恵 (1994-1995). 連載　ケース理解の実際　月刊学校教育相談（学事出版, 8 月号よりほんの森出版）, 4 月号, 86-91; 5 月号, 124-129; 6 月号, 86-91; 7 月号, 86-91; 8 月号, 126-131; 9 月号, 86-91; 10 月号, 86-91; 11 月号, 86-91; 12 月号, 86-91; 1 月号, 88-93; 2 月号, 86-91; 3 月号, 128-133.
- 大野精一 (1985). 教育相談係の役割と仕事を見直す（小泉英二との対談）資料 1, 資料 2　月刊生徒指導（学事出版）, 10 月号, 29-31.
- 大野精一 (1986b). 教育相談係の行う相談活動はどうあるべきか　全国学校教育相談研究会第 21 回研究大会発表要項, 30-31.
- 大野精一 (1986d). 相談係の行う教育相談　月刊生徒指導（学事出版）, 6 月増刊号, 50-79.
- 大野精一 (1989b). いじめに対して反撃しようとする生徒の指導について―危機介入によるアプローチ―　成田國英・高橋哲夫（監修）　学校における非行問題の指導実務―問答式―（pp. 2671-2677）　大成出版社
- 大野精一 (1990b). 文部省・生徒指導資料等にみる「学校教育相談」観の変遷について　月刊学校教育相談（学事出版）, 11 月号, 36-43; 12 月号, 36-43.
- 大野精一 (1990c). 生徒の危機状態に教師はどう対応したらよいか　高校教育展望（小学館）, 4 月号, 60-61.
- 大野精一 (1991). 危機場面におけるカウンセリング　高橋哲夫（編著）　高等学校実用選書　生徒指導全書（pp. 154-156）　教育図書
- 大野精一 (1993a). 学校カウンセリング―学校教育相談―　児童心理（金子書房）, 2 月号（巻末連載学校カウンセリング事典）, 4.
- 大野精一 (1994-1995). 連載・クラス担任の相談面接（インタビュー）　月刊ホームルーム（学事出版）, 4 月号, 78-81; 5 月号, 78-81; 6 月号, 132-135; 7 月号, 60-63; 8 月号, 84-87; 9 月号, 74-77; 10 月号, 80-83; 11 月号, 128-131; 12 月号, 64-67; 1 月号, 112-115; 2 月号, 54-57; 3 月号, 52-55.
- 大野精一 (1994a). 学校での相談活動をどう継承するか　月刊学校教育相談（学事出版）, 3 月号, 28-33.
- 大野精一 (1995b). 学校教育相談の最近の動向について　高校教育展望（小学館）, 4 月号, 106-108.
- 大野精一 (1996b). 凌ぐ―堪えることの価値―　高校教育展望（小学館）, 8 月号, 102-104.
- 大野精一 (1996c). 見おろす―全体構図の模索―　高校教育展望（小学館）, 10 月号, 110-112.
- 大野精一 (1996d). 対決する―自己開示の大切さ―　高校教育展望（小学館）, 4 月号, 108-110.
- 大野精一 (1997a). 学校教育相談―具体化の試み―（p. 85, pp. 40-42）　ほんの森出版
- 大野精一 (1997b). 学校教育相談の立場から考える　学校保健のひろば（大修館書店）, No.5, 38-41.
- 大野精一 (1997d). 学校教育相談とは何か　カウンセリング研究, 30(2), 160-179.
- 大野精一 (1997f). スクール・カウンセリングの現状はどうなっているのか―学校教育相談実践とその展望から―　児童心理（金子書房）, 51(10), 121-128.
- 大野精一 (1997g). スクールカウンセリングと教育相談の異同　國分康孝（監修）　スクールカウンセリング事典（p. 24）　東京書籍

- 大野精一 (1997h). つなげる—援助資源の豊富さ—　高校教育展望（小学館）, 2 月号, 102-104.
- 大野精一 (1998a). 学校教育相談におけるガイダンス・プログラムの試み　月刊学校教育相談（ほんの森出版）, 9 月号, 12-17.
- 大野精一 (1999).「ルール喪失」社会と子どもたちの生き方への指援　月刊学校教育相談（ほんの森出版）, 1 月号, 6-11.
- 大野精一 (2001). 危機介入の方法　月刊学校教育相談（ほんの森出版）, 5 月号, 8-11.
- 大野精一 (2003a). 本の紹介 ピーター・ミットラー「インクルージョン教育への道」　月刊学校教育相談（学事出版）, 10 月号, 50-11; 11 月号, 78-79.
- 大野精一 (2003b). 本の紹介 南風原朝和「心理統計学の基礎—統合的理解のために—」月刊学校教育相談（学事出版）, 12 月号, 50-51.
- 佐藤一也 (1998). 親の気づきを生み出すかかわり　月刊学校教育相談（ほんの森出版）, 2 月号, 10-13.
- 佐藤 学 (1996b). 教育方法学　(p. 137)　岩波書店
- 瀬戸健一 (1994). 教員の連携を深め、共通理解・共通実践をはかるための取り組み—教育相談通信『ポンモイ岬』について—　日本学校教育相談学会研究紀要, 4, 65-69.
- 清水寿代 (2013). 幼児の集団ソーシャルスキルトレーニング—長期効果の検討—　幼年教育研究年報, 35, 37-44
- 下山晴彦 (1991). これからの学生相談　現代のエスプリ（至文堂）, No.293, 46-60.
- 下山晴彦 (1996b). スチューデント・アパシー研究の展望　教育心理学研究, 44(3), 350-363.
- 新福知子・大野精一 (1998b). アメリカにおける危機対応の研修体験を聞く　月刊学校教育相談（ほんの森出版）, 5 月号, 108-114.
- 新福知子・畑野 道・大野精一 (1998a). 危機的場面での対応の仕方　月刊学校教育相談（ほんの森出版）, 5 月号, 64-73.
- 静岡県立静岡南高校相談室 (1997). 開発的教育相談の試み—開発的教育相談の定着と創造をめざして—　月刊学校教育相談（ほんの森出版）, 3 月号, 64-86; 5 月号, 116-130.
- 田邊昭雄 (1998). 学校教育相談におけるピア・カウンセリング　学校教育相談研究（「日本学校教育相談学会・研究紀要」題号変更）, 7・8（合併号）, 63-70.
- 東京都公立高等学校長協会 (1982). 高校生の健全育成を目指して—教育相談的指導を考える—　健全育成指導推進資料, 第 3 号, 1-4.
- Waehler, C. A., & Lenox, R. A. (1994). A concurrent (versus stage) model for conceptualizing and representing the counseling process. *Journal of Counseling & Development, 73*, 17-22.
　【上記の大野による紹介】大野精一 (1997a). 学校教育相談—具体化の試み　(pp. 40-42) ほんの森出版
- 渡辺三枝子 (1989).「カウンセリング・マインド」という語の功罪　月刊学校教育相談（学事出版）, 10 月号, 12-16.
- 山本和郎・原 裕・箕口雅博・久田 満（編著）(1995). 臨床・コミュニティ心理学—臨床心理学的地域援助の基礎知識—　ミネルヴァ書房
　【上記の大野による本の紹介】月刊学校教育相談（ほんの森出版）, 1996 年 6 月号, 46-47; 7 月号, 48-49; 8 月号, 80-81.

- 吉村 斉 (1997). 学校適応における部活動とその人間関係のあり方―自己表現・主張の重要性― 教育心理学研究, 45(3), 337-345.
- 全国学生相談研究会議（編）(1991). キャンパス・カウンセリング 現代のエスプリ（至文堂）, No.293, 19, 21, 101
  【上記の大野による本の紹介】月刊学校教育相談（ほんの森出版）, 1995 年 5 月号, 82-83.

〈参考文献〉

- Aguilera, D. C., & Messick, J. M. (1974). *Crisis intervention: Theory and methodology*. St. Louis Missouri: The C. V. Mosby Company.（アギュララ, D. C.・メズイック, J. M. 小松源助・荒川義子（訳）(1978). 危機療法の理論と実際―医療・看護・福祉のために― 川島書店）
  【上記の大野による本の紹介】月刊学校教育相談（学事出版）, 1989 年 12 月号, 54-55; 1990 年 1 月号, 56-57; 1990 年 2 月号, 50-51.
- American Psychiatric Association. (2000). *Diagnostic and statistical manual of mental disorders: DSM-IV-TR*. Washington, DC: American Psychiatric Publishing.（米国精神医学会 高橋三郎・大野裕・染矢俊幸（訳）(2002). DSM-4-TR 精神疾患の診断・統計マニュアル 医学書院）
- American Psychiatric Association. (2013). *Diagnostic and statistical manual of mental disorders: DSM-5*. Washington, DC: American Psychiatric Publishing.（米国精神医学会 日本精神神経学会（日本語版用語監修）(2014). DSM-5 精神疾患の診断・統計マニュアル 医学書院）
- Benjamin, J. B. (1986). *Communication: Concept and context*. New York: Harper & Row Publishers.（ベンジャミン, J. B. 西川一廉（訳）(1990). コミュニケーション―話すことと聞くことを中心に― 二瓶社）
- ボウルビィ, J. 黒田実郎他（訳）(1977). 愛着行動 母子関係の理論 1 岩崎学術出版社
- Campbell, C. A., & Dahir, C. A. (1997). *The national standards for school counseling programs*. American School Counselor Association.（キャンベル, C.・ダヒア, C. 中野良顯（訳）(2000). スクールカウンセリングスタンダード―アメリカのスクールカウンセリングプログラム国家基準― 図書文化社）
- Carkhuff, R. R. (1987a). *The art of helping VI* (6th ed.). Massachusetts: Human Resource Development Press.（カーカフ, R. R. 國分康孝（監修）・日本産業カウンセラー協会（訳）(1992). ヘルピングの心理学 講談社）
  【上記の大野による本の紹介】月刊学校教育相談（学事出版）, 1992 年 11 月号, 44-45; 1992 年 12 月号, 44-45.
- Carkhuff, R. R. (1987b). *Student workbook for the art of helping IV*. Massachusetts: Human Resource Development Press.（カーカフ, R. R. 國分康孝(監修)・日本産業カウンセラー協会（訳）(1993). ヘルピング・ワークブック―ヘルピングの心理学学習ワークブック― 日本産業カウンセラー協会）
- Carkhuff, R. R. (1987c). Trainer's guide: The art of helping IV. Massachusetts: Human Resource Development Press.（カーカフ, R. R. 國分康孝(監修)・日本産業カウンセラー協会（訳）(1994). ヘルピング・トレーナー・ガイド―ヘルピングの心理学研修ガイド― 日本産業カウンセラー協会）
- Carr, R. (1983). *Peer career counselling: A conceptual and practical guide*. Ottawa-Hull, Quebec: Canada Employment and Immigration Commission.

- Collison, B. B., & Garfield, N. J. (1995). *Careers in Counseling and Human Services* (2nd ed.). Taylor & Francis.
- Cowie, H., & Sharp, S. (Eds.). (1996). *Peer counseling in school: A time to listen.* London: David Fulton Publishers.（コウイー，H.・シャープ，S.（編）　高橋通子（訳）(1997). 学校でのピア・カウンセリング―いじめ問題の解決にむけて―　川島書店）
- 土居健郎 (1977). 方法としての面接―臨床家のために―　医学書院
  【上記の大野による本の紹介】月刊学校教育相談（学事出版），1991 年 10 月号，42-42; 1991 年 11 月号，42-43; 1991 年 12 月号，44-45.
- 土居健郎 (1992). 新訂 方法としての面接―臨床家のために―　医学書院
- Ellis, A. (1988). *How to stubbornly refuse to make yourself miserable about anything: Yes, anything!* Maryland: Carol Publishing Group.（エリス，A.　國分康孝・石隈利紀・國分久子（訳）(1996). どんなことがあっても自分をみじめにしないためには―論理療法のすすめ―　川島書店）
- Ellis, A., & Dryden, W. (1987). *The practice of rational-emotive therapy (RET).* New York: Springer Publishing Company.（エリス，A.・ドライデン，W.　稲富信雄・重久剛・滝沢武久・野口京子・橋口英俊・本明 寛（訳）(1996). REBT 入門―理性感情行動療法への招待―　実務教育出版）
- Ellis, A., & Harper, R. A. (1975). *A new guide to rational living.* New Jersey: Prentice-Hall.（エリス，A.・ハーバー，R. A.　國分康孝・伊藤 順康（訳）(1981). 論理療法―自己説得のサイコセラピイ―　川島書店）
  【上記の大野による本の紹介】月刊学校教育相談（ほんの森出版），1995 年 7 月号，46-47; 1995 年 8 月号，86-87.
- エリクソン，E. H.　小此木啓吾（訳編）(1973). 自我同一性―アイデンティティとライフ・サイクル―　人間科学叢書 4　誠信書房
- エリクソン，E. H.　仁科弥生（訳）(1977-1980). 幼児期と社会（全 2 巻）　みすず書房
- 藤本喜八 (1970). ガイダンス論　日本職業指導協会（編）進路指導シリーズ 18　日本職業指導協会
- 藤原忠雄 (2005). ＜実践＞特別支援教育と学校教育相談との関連性 – 特別支援教育の活動の全体的枠組みの検討と提示―　月刊学校教育相談（ほんの森出版），11 月号 .
- 不登校に関する調査研究協力者会議 (2016). 不登校児童生徒への支援に関する最終報告（PDF:392KB）　Retrieved from http://www.mext.go.jp/component/b_menu/shingi/toushin/__icsFiles/afieldfile/2016/08/01/1374856_2.pdf（2017 年 8 月 17 日）
- Giorgi, A. (2009). *The descriptive phenomenological method in psychology: A modified husserlian approach.* Duquesne University Press.（ジオルジ，A.　吉田章宏（訳）(2013). 心理学における現象学的アプローチ―理論・歴史・方法・実践―　新曜社）
  【上記の大野による書評】大野精一 (2017). 教育総合研究（日本教育大学院大学），第 10 号，129-134.
- 原田正文・府川満晴・林 秀子 (1997). スクールカウンセリング再考―コーディネーター型教育相談の実践―　朱鷺書房
- 春木 豊 (2002). 身体心理学―姿勢・表情などからの心へのパラダイム　川島書店
- 橋本千鶴 (2004). 小学校低学年におけるソーシャル・コンピテンス・トレーニングの試み 筑波大学大学院修士学位論文（未公刊）
- 平木典子 (1989). カウンセリングの話　増補　朝日新聞社

【上記の大野による本の紹介】月刊学校教育相談（学事出版）, 1989 年 7 月号, 66-67.

- 平木典子 (1993). アサーション・トレーニング―さわやかな「自己表現」のために― 日本・精神技術研究所　金子書房（発売）

- 茨城県教育研修センター (1997a). 教育相談の研究　第 9 集　いじめに関する指導・援助方法のあり方―構成的グループ・エンカウンター等の実践を通して―　茨城県教育研修センター研究報告書第 21 号

- 茨城県教育研修センター (1997b). 構成的グループ・エンカウンター エクササイズ集　茨城県教育研修センター研究報告書第 21 号別冊資料編

- 今井五郎 (1994). 個々の児童・生徒に添う生徒指導と学校教育相談　ぎょうせい
【上記の大野による本の紹介】月刊学校教育相談（学事出版）, 1994 年 6 月号, 46-47.

- 石隈利紀 (1997c). 学校心理学―　一人ひとりの児童生徒を生かした学校教育をめざして―　日本教育相談研究会第 68 回研究集会（1997 年 3 月 8 日）レジュメ

- 石隈利紀 (1999). 学校心理学―教師スクールカウンセラー保護者のチームによる心理教育的援助サービス―　誠信書房
【上記の大野による本の紹介】月刊学校教育相談（ほんの森出版）, 2000 年 1 月号, 58-59; 2000 年 2 月号, 60-61; 2000 年 3 月号, 98-99; 2000 年 4 月号, 58-59.

- 稲村 博（編）(1988). かかわりのメンタルヘルス　学事出版

- 伊東 博 (1983). ニュー・カウンセリング―“からだ”にとどく新しいタイプのカウンセリング―　誠信書房

- 岩手県立総合教育センター・岩手県教育委員会・一般社団法人学校心理士認定運営機構・日本学校心理士会 (2013). 文部科学省委託 復興教育支援事業　教育相談コーディネーター育成（復興教育リーダー育成）―〈岩手県立総合教育センター〉と〈一般社団法人学校心理士認定運営機構〉の協働事業―

- 神田橋條治. (1990). 精神療法面接のコツ　岩崎学術出版社

- 神田橋條治. (1994). 追補 精神科診断面接のコツ　岩崎学術出版社

- 菅野 純 (1990). 子どもの見える行動・見えない行動―事例と技法　ふれあい学校カウンセリング―　瀝々社
【上記の大野による本の紹介】月刊学校教育相談（学事出版）, 1991 年 6 月号　50-51.

- 菅野 純 (1995). 教師のためのカウンセリングゼミナール　実務教育出版
【上記の大野による本の紹介】月刊学校教育相談（ほんの森出版）, 1996 年 4 月号, 46-47; 1996 年 5 月号, 78-79.

- 川合 正 (1997). 親と子の会話を見直してみる（「親と教師の会」の実践報告）　自費出版パンフレット
【上記は第 46 回読売教育賞教育カウンセリング部門の優秀賞を受賞した論文全文をまとめたもの】

- 小林幹子・藤原忠雄 (2014a). わが国の学校教育相談の展開史と今後の課題―学校における全ての子どもへの包括的な支援活動に関する実践の縦断的検討から―　学校心理学研究, 14(1)

- 小林幹子・藤原忠雄 (2014b). 我が国の学校教育相談の課題と今後の方向性―隣接領域・分野の横断的検討と海外の動向をふまえて―　日本学校心理士会年報, 第 7 号

- コールバーグ, L. 岩佐信道（訳）(1987). 道徳性の発達と道徳教育―コールバーグ理論の展開と実践―　廣池学園出版部

- 國分康孝（監修）(1996a). エンカウンターで学級が変わる　小学校編（岡田 弘　編），中学校編（片野智治　編）　図書文化社
- 國分康孝 (1996b). カウンセリングの原理　誠信書房
- 近藤邦夫 (1994). 教師と子どもの関係づくり―学校の臨床心理学―　東京大学出版会
- 近藤 卓（編）(1988). かかわりを理解する方法　月刊生徒指導　9月増刊号　学事出版
- 栗原慎二 (1999). 学校教育相談における短期カウンセリングモデルの研究　兵庫教育大学大学院学校教育研究科修士論文（未公刊）
- Lester, D., & Brockopp, G. W. (Eds.). (1973). *Crisis intervention and counseling by telephon.* Springfield, IL: Charles C Thomas.（レスター，D.・ブロコップ，G. W.　多田治夫・田中富士夫（監訳）(1982). 電話カウンセリングの技法と実際―電話相談活動と危機介入―　川島書店）
- Ligon, M. G., & McDaniel, S. W. (1970). The teacher's role in counseling. Englewood Cliffs, NJ: Prentice Hall.（リーゴン，M. G.・マックダニエル，S. W.　小林純一・渡辺三枝子（訳）(1977). カウンセラーとしての教師―人間理解の実践的方法―　実務教育出版）
- 丸野俊一（編）(1993). 自己モニタリング―心・状況の変化を読み取る―　現代のエスプリ（至文堂），No. 314
- マズロー，A. H.　小口忠彦（訳）(1987). 人間性の心理学―モチベーションとパーソナリティ―　改訂新版　産業能率大学出版部
- 松原達哉（編）(1988a). 学校カウンセリング講座（第1巻　カウンセリング入門，第2巻学校カウンセリングの組織と運営，第3巻　学校カウンセリングの方法，第4巻　児童・生徒理解の方法，第5巻　学校カウンセリング事例集）　ぎょうせい
  【上記の大野による紹介】学校教育相談理論化の方向性―松原達哉編『学校カウンセリング講座』を読んで―　月刊学校教育相談（学事出版），1989年10月号，60-65.
- 松村茂治 (1994). 教室でいかす学級臨床心理学―学級担任と子どもたちのために―　福村出版
  【上記の大野による本の紹介】月刊学校教育相談（ほんの森出版），1997年7月号，42-43; 8月号，82-83.
- 箕浦康子（編著）(1999). フィールドワークの技法と実際―マイクロ・エスノグラフィー入門―　ミネルヴァ書房
- 文部科学省 (2016). 高等学校における通級による指導の制度化及び充実方策について（高等学校における特別支援教育の推進に関する調査研究協力者会議報告）　Retrieved from http://www.mext.go.jp/b_menu/houdou/28/03/1369191.htm（2017年8月17日）
- 文部省（編）(1965). 生徒指導の手びき　大蔵省印刷局
- 文部省（編）(1971). 中学校におけるカウンセリングの考え方　大蔵省印刷局
- 文部省（編）(1972a). 中学校におけるカウンセリングの進め方　大蔵省印刷局
- 文部省（編）(1972b). 高等学校におけるカウンセリングの方法と実際　大蔵省印刷局
- 文部省（編）(1981). 生徒指導の手引　改訂版　大蔵省印刷局
- 文部省（編）(1990). 学校における教育相談の考え方・進め方―中学校・高等学校編―　大蔵省印刷局
  【上記の大野による本の紹介】月刊学校教育相談（学事出版），1990年9月号，40-41; 10月号，46-47.
- 文部省（編）(1991). 小学校における教育相談の進め方　大蔵省印刷局

- 諸富祥彦 (1999). 学校現場で使えるカウンセリング・テクニック　上巻　育てるカウンセリング編・11 の法則，下巻　問題解決編・10 の法則　誠信書房
【上記の大野による本の紹介】月刊学校教育相談（ほんの森出版），1999 年 9-10 月号.
- 村井 実 (1978).「善さ」の構造　講談社
- Murphy, J. J., & Duncan, B. L. (1997). *Brief intervention for school problems: Collaborating for practical solutions.* New York: The Guilford press.
- 長野県立こども病院　口唇口蓋裂センター (2013). 2. 構音（発音）の発達　口唇口蓋裂 Q&A　Retrieved from http://www.nclp.jp/faq/2013/08/29/1377742347876.html（2017 年 8 月 17 日）
- 中村雄二郎 (1992). 臨床の知とは何か　岩波書店
- 鳴澤 實（編）(1986). 学生・生徒相談入門—学校カウンセラーの手引とその実際—　川島書店
【上記の大野による本の紹介】月刊学校教育相談（学事出版），1989 年 1 月号，66-67.
- 鳴澤 實（編）(1998). こころの発達援助—学生相談の事例から—　ほんの森出版
- 日本教育心理学会 (1993). 学校心理学とは　日本教育心理学会
- 日本教育心理学会 (1996). スクールサイコロジスト（学校心理学に基づくスクールカウンセラー）とは
- 日本学生相談学会（編）今村義正・國分康孝（責任編集）(1989). 論理療法にまなぶ—アルバート・エリスとともに　非論理的な思いこみに挑戦しよう—　川島書店
- 岡林春雄 (1997). 心理教育　金子書房
【上記の大野による本の紹介】月刊学校教育相談（ほんの森出版），1998 年 1 月号，46-47; 2 月号，46-47.
- 岡田敬司 (1993). かかわりの教育学—教育役割くずし試論—　ミネルヴァ書房
- 岡田敬司 (1998). コミュニケーションと人間形成—かかわりの教育学 II—　ミネルヴァ書房
- 恩田 彰・伊藤隆二 (1999). 臨床心理学辞典　八千代出版
- 大野精一 (1996a). 学校教育相談—理論化の試み—　ほんの森出版
- 大野精一 (2002). ASCA とのパートナーシップ—序にかえて　学校教育相談研究（日本学校教育相談学会），第 12 号.
- Orford, J. (1992). *Community psychology: Theory and practice.* New York: John Wiley & Sons.（オーフォード, J. 山本和郎（監訳）(1997). コミュニティ心理学—理論と実践—　ミネルヴァ書房）
- 尾崎 勝・西 君子 (1984). カウンセリング・マインド—子どもの可能性をひき出す教師の基本姿勢—　教育出版
- 尾崎 勝・西 君子 (1996). 授業に生きるカウンセリング・マインド　教育出版
- ピアジェ, J. & イネルデ, B. 波多野完治・須賀哲夫・周郷博（訳）(1969). 新しい児童心理学　文庫クセジュ 461　白水社
- 斎藤友紀雄（編）(1996). 危機カウンセリング　現代のエスプリ（至文堂），No. 351
- 佐藤昭雄 (1990). 児童・生徒の認知する教師への信頼に関する研究　上越教育大学大学院学校教育専攻生徒指導コース修士論文（未公刊）
- 佐藤綾子 (1995). 自分をどう表現するか—パフォーマンス学入門—　講談社
- 佐藤綾子 (1996). 教師のパフォーマンス学入門—もっと本気で自分を表現しよう！—　金子書房

- 佐藤 学 (1989). 教室からの改革—日米の現場から— 国土社
- 佐藤 学 (1996a). カリキュラムの批評—公共性の再構築へ— 世織書房
- 佐藤 学 (1997a). 教師というアポリア—反省的実践へ— 世織書房
- Schön, D. A. (1983). *The reflective practitioner: How professionals think in action*. New York: Basic Books.（ショーン, D. A. 柳沢昌一・三輪建二（監訳）(2007). 省察的実践とは何か—プロフェッショナルの行為と思考— 鳳書房）
  【上記の大野による書評】大野精一 (2012). 教育総合研究（日本教育大学院大学）, 第 5 号, 93-98.
- 渋谷昌三 (1990). 人と人との快適距離—パーソナル・スペースとは何か— 日本放送出版協会
  【上記の大野による本の紹介】月刊学校教育相談（学事出版）, 1991 年 8 月号, 50-51; 9 月号, 42-43.
- 下山晴彦 (1997). 臨床心理学研究の理論と実際—スチューデント・アパシー研究を例として— 東京大学出版会
- 下山晴彦 (2000). 心理臨床の発想と実践 心理臨床の基礎 1 岩波書店
- 武田 健 (1985). コーチング—人を育てる心理学— 誠信書房
- 田尾雅夫 (1991). 組織の心理学 有斐閣
  【上記の大野による本の紹介】月刊学校教育相談（ほんの森出版）, 1997 年 4 月号, 46-47; 5 月号, 66-67.
- 上田 敏・佐藤久夫 (2001).〔インタビュー〕新しい国際障害分類「ICF」 週刊医学界新聞 Retrieved from http://www.igaku-shoin.co.jp/nwsppr/n2001dir/n2453dir/n2453_02.htm (2017 年 8 月 17 日)
- 渡辺元嗣 (1999). 青年期の引きこもり傾向に対する認知行動カウンセリングの試み 鳴門教育大学大学院学校教育研究科修士論文（未公刊）
- 渡辺弥生 (1996). ソーシャル・スキル・トレーニング（SST） 講座サイコセラピー 第 11 巻 日本文化科学社
- Weiner, M. F. (1978). *Therapist disclosure: The use of self in psychotherapy*. Woburn, MA: Butterworth.（ワイナー, M. F. 佐治守夫（監訳）・飯長喜一郎（訳）(1983). 人間としての心理治療者—自己開示の適用と禁忌— 有斐閣）
- World Health Organization (Devision of Mental health) (Ed.). (1994). *Life skills education in schools*.（WHO（編） JKYB 研究会（訳）(1997). WHO ライフスキル教育プログラム 大修館書店）
- 山本和郎 (1986). コミュニティ心理学—地域臨床の理論と実践— 東京大学出版会
  【上記の大野による本の紹介】月刊学校教育相談（学事出版）, 1989 年 3 月号, 52-53.
- 山谷敬三郎 (2012). 学習コーチング学序説—教育方法とコーチング・モデルの統合— 風間書房
- 横島義昭 (1997). 高校生の親密性形成に影響を及ぼす自己開示 茨城大学大学院教育学研究科修士論文（未公刊）

その他詳しい文献リストは、大野精一・小林幹子作成の「学校教育相談文献リスト」
として以下に掲載しております。ここには大野精一の著作リストも収録しました。
ぜひご利用ください。

http://schoolcounseling.cocolog-nifty.com/bookreview/files/20170507.pdf

― あとがき ―

何とかここまで来た感じが強い

とても無理ではないかと逡巡してきたこの 10 年である

ライフワークとしての学校教育相談研究も中学校・高校の実践が中核であった

これでは中途半端で、「学校」教育相談とは言えまい

しかも長く学校現場から離れて実践感覚が希薄になってしまった

この 10 年をムダとは思いたくないが、中核を欠いて周辺部分を歩いてきた

それでも大学に移るまで書き続けた連載原稿があった

補充し続けた文献目録もあった

この本でようやく上述した課題に正面から向かい合えたと思える

ただし私一人ではとても出来そうにもなかった

長谷部比呂美さんと橋本千鶴さんのお陰で保育実践を入れ込むことができた

編集者の服部直人氏と江口智美氏の支援で転職直前までの発想も仕上げた

全国の研究仲間も励ましてくれた

本当にありがたいことである

いずれにしてもこれが今現在の私の到達点である

記して感謝します

ありがとうございました

2017 年 8 月 2 日

著者を代表して　大野精一

著者紹介／執筆分担

大野精一（おおのせいいち）／第Ⅰ部，第Ⅱ部
所属：元星槎大学大学院教育実践研究科　教授（研究科長）
最終学歴・略歴：
　　立教大学大学院経済学研究科修士課程修了　経済学修士
　　都立高校教諭（社会科），日本教育大学院大学教授等を経て現職
専門分野：学校教育相談，カウンセリング心理学，学校心理学
主著：『学校教育相談―理論化の試み』（単著，ほんの森出版 1996：Kindle 版 2017）
　　『学校教育相談―具体化の試み』（単著，ほんの森出版 1997：Kindle 版 2017）
　　『学校心理学ハンドブック　第 2 版』（責任編集・分担執筆，教育出版 2016）
　　『学校教育相談の理論と実践―学校教育相談の展開史，隣接領域の動向，実践を踏まえた将来展望』（共編著，あいり出版 2018）
　　『学校心理学　ケースレポートハンドブック』学校心理士認定運営機構編（分担執筆，風間書房 2021）

長谷部（大野）比呂美（はせべ おおの ひろみ）／第Ⅲ部 1，2，3(9)
所属（現職）：淑徳大学短期大学部　教授，麻布大学　講師（非常勤）
最終学歴・略歴：
　　お茶の水女子大学大学院人間文化研究科修了　修士（人文科学）
　　都立高校教諭（国語），蒲田保育専門学校非常勤講師等を経て現職
専門分野：教育心理学，保育の心理学
主著：『幼児教育ハンドブック』（分担執筆，お茶の水女子大学子ども発達教育センター 2004）
　　『保育・教職実践演習』（共著，萌文書林 2016）
　　『保育の心理学』（共著，ななみ書房 2019）
　　『子ども家庭支援の心理学』（共著，ななみ書房 2019）
　　『学校心理学　ケースレポートハンドブック』学校心理士認定運営機構編（分担執筆，風間書房 2021）

橋本千鶴（はしもと ちづる）／第Ⅲ部 3(1) ～ (8)
所属（現職）：十文字学園女子大学　玉川大学　東京家政大学　淑徳大学短期大学部　秋草学園短期大学　講師（非常勤）
最終学歴・略歴：
　　筑波大学大学院修士課程教育研究科修了　修士（カウンセリング）
　　東京都公立小学校教諭，お茶の水女子大学附属小学校教諭を経て現職
専門分野：幼児教育学，カウンセリング，国語
主著：『実践国語研究』（実践発表，明治図書出版 2013 年 10・11 月号所収）

教師・保育者のための教育相談

2017 年 9 月 19 日　初版第 1 刷発行
2022 年 4 月　1 日　初版第 3 刷発行

編著著　大野精一

発行者　服部直人

発行所　株式会社萌文書林
〒 113-0021　東京都文京区本駒込 6-15-11
TEL 03-3943-0576　　FAX 03-3943-0567
https://www.houbun.com
email: info@houbun.com

印刷・製本　中央精版印刷株式会社
組　版　RUHIA